행정심판

나 홀로 슬기롭게

행정심판 나 홀로 슬기롭게

펴낸날 **2021년 9월 15일 1판 1쇄**

지은이 **박노철, 김우영**
펴낸이 **정병철**
펴낸곳 **도서출판 휴먼하우스**

등 록 **2004년 12월 17일(제313-2004-000289호)**
주 소 **서울시 마포구 토정로 222 한국출판콘텐츠센터 420호**
전 화 **02)324-4578**
팩 스 **02)324-4560**
이메일 **humanpub@hanmail.net**

ISBN 979-11-85455-23-5 93350

행정심판

나 홀로 슬기롭게

박노철
김우영
지음

휴먼하우스

일러두기

이 책에서 '법'은 「행정심판법」을 말한다.

행정심판 – 나 홀로 슬기롭게 권익회복

행정처분 사전통지서가 왔는데 이게 뭔가요?

행정심판을 하라는데 어떻게 해야 하나요?

일단 행정처분을 연기할 수 있나요?

행정처분!

듣기만 해도 '뭘 잘못했길래', '그럼 어떻게 되는 거야' 하며 걱정이 앞선다. 자영업하시는 분, 사업하시는 분, 자격으로 업무하시는 분들에게 행정처분은 때론 청천벽력 같은 충격이 아닐 수 없다. 행정기관이 행정처분을 하려하거나, 하였다면 그 이유가 있다. 그 이유를 파악하여 사건의 진상에 대해 근거를 갖고 잘 소명할 필요가 있다.

문제는 처분이 억울하여 행정심판을 하려고 전문가를 찾으면 비용을 감안하지 않을 수 없고, 또 결과를 장담할 수 없기에 여러모로 고민하게 된다. 전문가의 도움 없이 혼자서 행정심판을 하려고 해도 무엇을 어떻게 해야 할지 엄두를 내지 못하는 경우가 허다하다.

우리 저자는 행정사업에 종사하면서, 권익을 회복할 수 있는 법과 제도를 활용하지 못하여 위법 · 부당한 처분을 그대로 받아들이는 사례에 늘 안타까움이 있었다. 이에 대한 방안으로 이 책을 쓰게 되었다. 행정처분에 문제가 있음에도 심판청구를 주저하거나 심판청구를 하려는 데 법과 절차에 대한 이해가 다소 부족한 분들을 위해 스스로 권익회복의 기회를 살릴 수 있도록 응원의 마음을 담았다.

우선 혼자서도 행정심판을 할 수 있도록 하였다. 행정심판을 처음 접하는 분들은 고도의 전문지식이 필요하다고 생각하여 우선 조력 받을 수 있는 전문가를 찾으려고 한다. 여기서 비용의 문제가 발생하고 게다가 누구도 결과를 장담할 수 없다. 이 책은 행정심판청구를 어떻게 해야 하나 고민하는 분들이 혼자서도 행정심판 청구를 할 수 있도록 안내하는 지침서 역할을 할 것이다.

둘째, 처분 받은 당사자 입장을 고려하였다. 처분을 한 행정기관의 입장과 처분 받은 당사자의 입장이 대립되는 행정심판에서 법령을 이해하는 것만으로는 청구인 입장이 받아들여지게 하는 방안을 찾기는 쉽지 않다. 이 책은 행정심판법을 소개하는 교재 위주의 서적과는 달리 처분을 받은 당사자 입장에서 행정심판 서류 작성과 절차를 진행하는 실전에 활용할 수 있도록 서술하였다.

셋째, 침해된 권익회복 방안을 담았다. 처분이 위법 · 부당함에도 그러한 사실을 모르고 있는 경우, 때로는 불만이 있다 하더라도 행정기관과의 대립이 결국 당사자에게 더 큰 피해를 초래할 것이라고 우려하여 처분을 수용하는 경우, 본인의 잘못을 인정하며 과도한 처분도 수용하는 경우 등 쉽게 자기권익을 포기하는 사례가 적지 않다. 이러한 분들이 자기권익을 회복하는 데 도움이 될 수 있도록 하였다.

넷째, 판례와 심판례를 엄선하여 실었다. 행정처분이나 행정심판은 법령에 근거를 두고 있다. 따라서 개인적인 경험이나 주관적인 판단만으로 행정심판을 제기할 경우 기대한 결과를 얻기가 쉽지 않다. 이 책은 법령과 판례 · 심판례에 근거하여 서술하였고, 개별적인 사건에 대해서도 충분히 활용 가능한 법원의 판례나 행정심판위원회의 심판례를 엄선하여 실었다.

다섯째, 실전 경험을 바탕으로 도움 되는 정보를 담았다. 법령 설명과 심판 절차 외에도 행정심판 수행에 필요한 각종 서류(행정심판 청구서, 집행정지신청서, 보충서면 등) 작성을 상세하게 설명하였고, 특히 행정처분을 한 처분청이 심판청구에 대해 어떤 주장을 하는지, 이에 대해 청구인은 어떻게 대응해야 할 것인지 등을 담아 청구인에게 실질적인 도움이 되도록 하였다.

우리 저자는 십수 년 동안 국회와 행정기관에 근무하면서, 행정기관에 대한 많은 민원을 접하였다. 피해구제 민원, 기업 활동 지원 민원, 생활의 어려움 해결 민원, 재산 침해 해소 민원, 법률 제·개정 민원 등 그 사연도 많고 종류도 다양했다. 또 행정사 업무를 하면서 행정기관 민원과 권리회복 요청을 수없이 접하며 행정심판이 답을 줄 수 있다고 생각하였다.

행정심판은 간편하고 용이하며 신속하게 국민 권익을 구제하는 기능이 있으며, 별도의 비용 부담도 없다. 이런저런 걱정으로 심판청구를 주저하기보다는 홀로 할 수 있다는 적극적인 자세로 임한다면 충분히 좋은 결과를 만들 수 있다. 이 책을 접한 분들은 누구라도 '나 홀로 슬기롭게 권익회복의 길'을 찾을 수 있을 것이라 기대한다.

큰나무행정사사무실에서

공동 저자 드림

차례

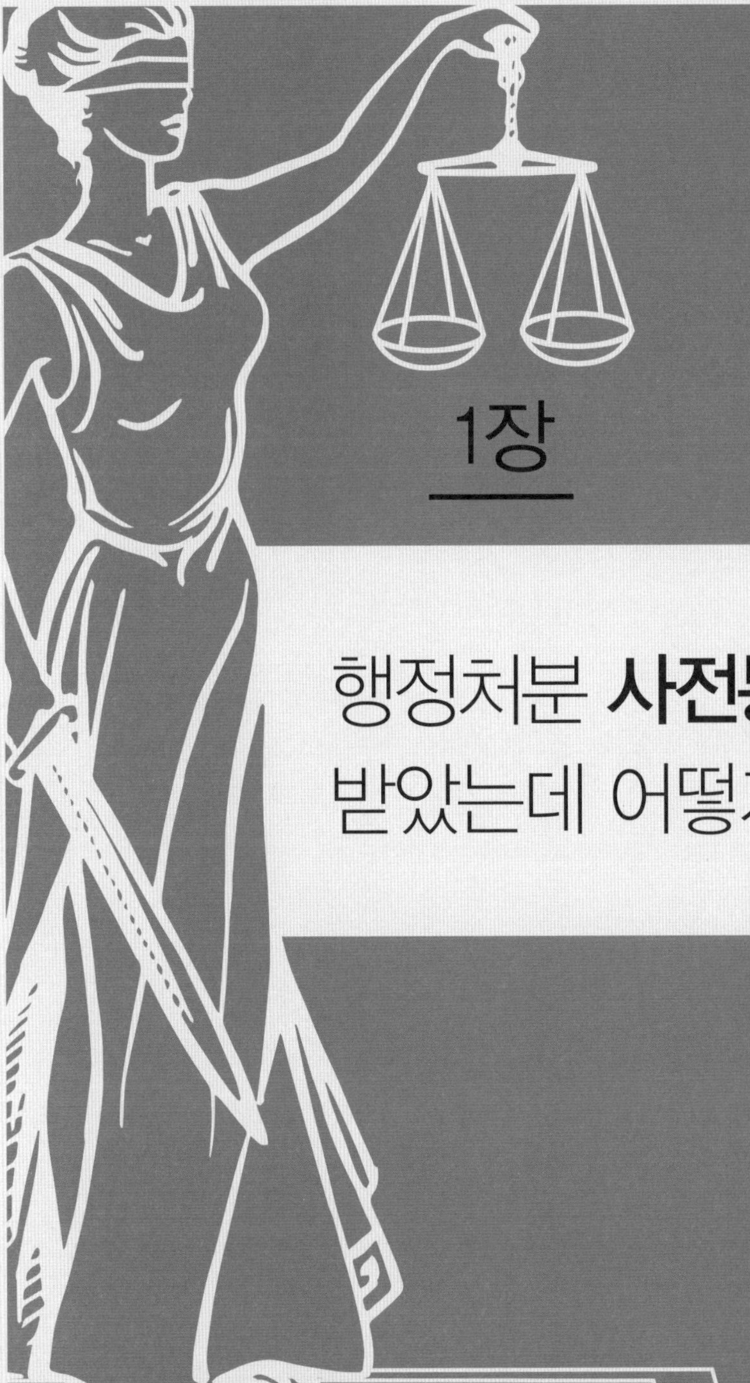

1장

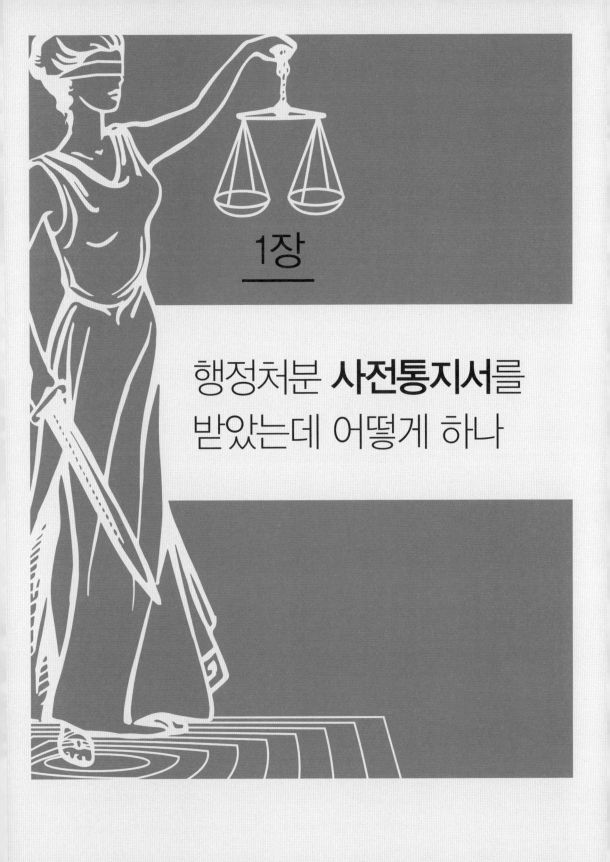

행정처분 **사전통지서**를 받았는데 어떻게 하나

01 행정처분 **사전통지서**를 받기 전에 있었던 일

1. 사전통지서를 받기 전에 무슨 일이 있었나?

어느 날 행정청으로부터 사업이나 자격의 정지 또는 취소, 사업장이나 공장의 폐쇄, 금전 부과를 명령하는 과징금 등의 권리를 제한하는 처분을 하겠다는 행정처분 사전통지를 받았다면 당혹스러울 것이다. 하지만 이러한 처분의 사전통지는 아무런 이유 없이 날아오는 것은 아니다. 행정 관련 법령에서 정한 의무를 이행해야 하는 약속을 지키지 않았다고 보았기 때문에 행정청은 그에 상응하는 수준의 처분을 예고한 것이다. 그렇다면 행정청은 법령을 위반한 사실을 어떻게 알고 사전통지하였을까? 대개의 경우 누군가가 신고를 하여 행정청이 조사하였거나 아니면 신고가 없더라도 행정청이 직접 조사 또는 다른 기관으로부터 법령 위반사건이 이첩되어 위반 사실을 확인하고 행한 조치이다.

누군가의 신고에 의해 행정청이 조사를 하였다면 신고한 내용만 조사할 수도 있고 신고 외의 영업이나 업무행위에 대해서도 조사할 수 있다.

폐기물처리업을 예를 들어 보자. 폐기물의 수집, 운반, 재활용 또는 처분을 업으로 하는 폐기물처리업자는 폐기물처리업 허가를 받아 사업을 영위하는 자로 폐기물관리법령에서 정한 규정을 준수하여야 하는 의무가 있다. 폐기물처리업 허가를 받을 때의 시설·장비 및 인력기준 등의 요건을 유지하여야 하고, 폐기물을 허가받은 사업장 내 보관시설이나 승인받은 임시보관시설 등 적정한 장소에 보관하여야 하며, 정한 양이나 기간을 초과하여 보관하지 말아야 한다. 또한 허가권자가 정한 주민생활의 편익, 주변 환경보호 및 폐기물처리업의 효율적 관리 등을 위한 조건이 있다면 이 또한 준수하여야 한다.

그런데 누군가 폐기물처리업 사업장의 분진이나 소음의 문제를 신고하였다면 관할 행정청에서 현장을 방문하여 분진이나 소음의 문제를 조사하게 된다. 하지만 조사의 범위를 신고한 내용에 국한하지 않고 폐기물처리업자가 준수해야 하는 다른 규정들도 잘 지키고 있는지 확인하는 경우도 있다. 문제는 이 폐기물처리업자가 사업장의 분진이나 소음의 문제는 규정에 따라 잘 관리하고 있었다 하더라도 다른 준수사항을 위반하였을 경우 행정청은 영업정지나 과징금 등의 행정처분을 내릴 수 있다.

이는 폐기물처리업자에 국한된 것만은 아니다. 행정청에 인·허가나 면허, 등록, 신고한 경우 이는 관련 법령에 따라 한 행위이며 관련 법령에서 정한 준수사항을 이행하여야 할 의무가 있다.

음식점(식품위생법), 담배소매업(담배사업법), 주류판매업(주류면허법), 인형뽑기방(게임산업법), 방문판매업(방문판매업법), 주유소(석유사업법) 등의 사업을 영위하기 위해서는 관련 법령에 따라 행정청에 인·허가, 면허, 등록, 신고 등의 절차를 거쳤을 것이고, 그 관련 법령에 따라 준수해야 하는 규정도 당연히 명시되어 있다. 다시 말해서 이러한 준수사항을 위반할 경우 행정청은 그에 상응하는 행정처분을 명령할 수 있다.

여기서 주의해야 할 점은 단지 인·허가 면허 등의 규정이 속한 법령에 국한하여 행정처분 명령을 내리는 것은 아니다. 위에서 언급한 몇 가지 업종의 경우도 해당 법령 이외에 연관되어 있는 법령을 모두 준수해야 한다. 예를 들어 음식점의 경우 식품위생법을 준수해야 하는 것은 당연할 것이고, 이 음식점에서 주류를 판매할 경우에는 주류면허법도 준수해야 하며 특히 청소년에게 주류 판매나 제공을 금지하는 청소년보호법도 준수해야 한다. 청소년보호법에는 주류를 '청소년유해약물'로 정하고 청소년에게 판매하거나 무상으로 제공하지 못하도록 하고 있다. 이를 위반할 경우 행정처분이 뒤따른다. 여기서 행정처분 사전통지는 누군가의 신고에 의하든, 담당공무원이 현장을 방문하든 행정청이 조사를 하여 위법한 사실을 확인하였고 절차에 따라 행정처분을 예정하고 있다는 뜻이다.

2. 행정처분 전에 취하는 행정청의 조치는?

사전통지서는 처분을 예고하면서 동시에 이의가 있다면 의견을 제출할 수 있는 기회도 보장하고 있다. 처분의 사전통지제도는 처분을 하기 전 당사자 등의 의견을 청취하기 위한 선행절차로서, 그 원인이 되는 사실과 내용 및 법적 근거 등을 미리 당사자 등에게 알려주어 처분에 대한 의견이나 증거자료 등을 준비할 수 있도록 배려하려는 취지이다. 특히 당사자에게 의무를 부과하거나 권익을 제한하는 침해적 행정처분을 하기 전에 알리고, 이에 대해 의견을 제출할 수 있는 기회를 주어야 하는데 행정청이 이를 이행하지 않고 처분을 한 것은 위법하다는 판례도 있다. 따라서 처분을 하기 전에 당사자에게 사전통지하면서 의견제출의 기회를 보장하는 것은 행정청의 당연한 의무이다. 행정청이 어떠한 행정행위를 하기 전에 의견을 듣는 방식에는 의견제출 외에도 공청회, 청문의 절차가 있고, 이러한 의견청취 절차가 법령에 규정되어 있음에도 이를 이행하지 않고 바로 처분하였다면 위법·부당한 처분이라 할 수 있다.

판례 [대법원 2013. 1. 16., 선고, 2011두30687, 판결]

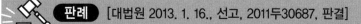

(행정절차법에 따르면) 행정청이 당사자에게 의무를 과하거나 권익을 제한하는 처분을 하는 경우에는 미리 처분하고자 하는 원인이 되는 사실과 처분의 내용 및 법적 근거, 이에 대하여 의견을 제출할 수 있다는 뜻과 의견을 제출하지 아니하는 경우의 처리방법 등의 사항을 당사자 등에게 통지해야 하고, 다른 법령 등에서 필수적으로 청문을 실시하거나 공청회를 개최하도록 규정하고 있지 아니한 경우에도 당사자 등에게 의견제출의 기회를 주어야 하되, '당해 처분의 성질상 의견청취가 현저히 곤란하거나 명백히 불필요하다고 인정될 만한 상당한 이유가 있는 경우' 등에는 처분의 사전통지나 의견청취를 아니 할 수 있도록 규정하고 있다. 따라서 행정청이 침해적 행정처분을 하면서 당사자에게 위와 같은 사전통지를 하거나 의견제출의 기회를 주지 않았다면, 사전통지를 하지 않거나 의견제출의 기회를 주지 않아도 되는 예외적인 경우에 해당하지 않는 한, 그 처분은 위법하여 취소를 면할 수 없다.

공청회 : 널리 의견을 수렴하는 절차

"공청회"란 행정청이 공개적인 토론을 통하여 어떠한 행정작용에 대하여 당사자 등이나 전문지식과 경험을 가진 사람, 그 밖의 일반인으로부터 의견을 널리 수렴하는 절차를 말한다.

행정절차법에 따르면 행정청이 처분을 할 때 ① 다른 법령 등에서 공청회를 개최하도록 규정하고 있는 경우, ② 해당 처분의 영향이 광범위하여 널리 의견을 수렴할 필요가 있다고 행정청이 인정하는 경우, ③ 국민생활에 큰 영향을 미치는 처분으로서 국민 다수의 생명, 안전 및 건강에 큰 영향을 미치거나 소음 및 악취 등 국민의 일상생활과 관계되는 환경에 큰 영향을 미치는 처분을 할 때, 이 처분에 대하여 일정 수 이상의 당사자 등이 공청회 개최를 요구하는 경우는 공청회를 개최해야 한다. 즉, 공청회는 행정청이 행정행위를 하기 전에 특정 사업이나 정책에 주민 간 또는 이해집단 간에 의견 대립하여 조정이 필요한 경우와 새로운 제도를 도입하거나 시행하기 전에 여론을 청취하거나 의견을 수렴하는 절차를 말한다.

청문 : 직접 듣고 조사하는 절차

"청문"이란 행정청이 어떠한 처분을 하기 전에 당사자 등의 의견을 직접 듣고 증거를 조사하는 절차를 말한다. 이는 행정청이 침해적 행정처분을 명령할 경우 행정절차법에 따라 청문 등의 의견을 제출할 수 있는 기회를 주어야 하고, 다른 개별 법령에 별도로 명시된 경우에는 이를 따라야 한다. 판례를 보면, 건축법에는 위반 건축물 등에 대한 조치에 허가나 승인을 취소하려면 청문을 하도록 하고 있는데, 이러한 절차를 거치지 않고 명령한 '용도변경 허가 취소처분'에 대해 법원은 위법하다고 판단하였다(대법원 2018. 6. 28., 선고, 2017두48123, 판결).

개별 법률을 보면, 폐기물관리법에는 행정청이 폐기물처리업의 승인·허가, 등록 등을 취소하는 행정처분을 하려면 청문을 실시하여야 한다고 명시하고 있고, 식품위생법에는 식품안전관리인증기준적용업소의 인증취소, 영업허가 또는 등록의 취소나 영업소의 폐쇄명령, 조리사가 면허를 취득하거나 위생과 관련한 중대한 사고 발생에 직무상의 책임이 있는 경우 등에 해당하는 처분을 하려면 청문을 하여야 한다고 정하고 있다. 또 노인장기요양보험법에는 장기요양기관 지정취소 또는 업무정지명령, 위반사실 공표, 장기요양급여 제공의 제한 처분 등을 하려는 경우에는 청문하여야 한다고 되어 있다.

관련 법령에 따라 청문을 해야 하는 처분을 하려면 행정청은 행정처분 사전통지를 시행하면서 동시에 청문절차를 안내하게 된다. 하지만 관련 법령에 청문절차가 명시되어 있음에도 이를 알리지 않았다면 당사자는 청문을 요청할 수 있다. 처음부터 청문을 거치지 않았거나 청문을 요청했는데도 이를 수용하지 않고 행정청이 바로 처분하였다면 이는 행정처분에 하자가 있다고 봐도 무방하다.

의견제출 : 당자사의 의견을 듣는 절차

"의견제출"이란 행정청이 어떠한 행정작용을 하기 전에 당사자 등이 의견을 제시하는 절차로서 청문이나 공청회에 해당하지 아니하는 절차를 말한다. 의견제출 역시 개별 법령에서 처분을 하기 전에 당사자가 의견제출 할 수 있는 절차를 정한 경우도 있고, 개별 법령에서 별도로 정하고 있지 않은 경우라 하더라도 처분에 앞서 행정절차법에 따라 의견제출 기회를 주어야 한다. 행정절차법에 따르면 처분하려는 원인이 되는 사실과 처분의 내용 및 법적 근거에 대하여 의견을 제출할 수 있다는 뜻을 당사자에게 통지하게 되어 있다.

청문과 의견제출을 구분하자면, 청문은 청문주재자의 주재하에 대면·구술로 진행하고 청문주재자는 청문조서·의견서를 작성한 후 행정청에 제출하며, 처분의 내용이 인허가·면허의 취소나 영업장 폐쇄, 신분·자격의 발탈 등 상대적으로 중한 경우에 실시한다. 의견제출은 주로 비대면·서면으로 진행되고 처분의 내용이 업무정지 · 영업정지 · 면허정지 · 자격정지나 과징금 등 상대적으로 경한 경우이다.

예를 들어 폐기물처리업의 승인 · 허가, 등록 등을 취소하는 행정처분은 청문을 하도록 되어있지만, 폐기물배출자나 폐기물처리업자 등에 대한 폐기물 처리명령, 폐기물 처리 조치명령 등의 명령은 행정청이 당사자에게 그 이유를 알려 의견을 제출할 기회를 주도록 하고 있다(폐기물관리법). 하지만 모든 법령에서 이렇게 획일적으로 구분하여 정하고 있지는 않다. 개별 법령에 따라 업무나 영업정지의 경우 청문을 하는 경우도 있고 의견제출을 하는 경우도 있으므로 이는 처분의 근거가 되는 해당 법령을 살펴본 후 대응해야 한다.

02 행정처분 사전통지서를 **꼼꼼히 확인해보자**

1. 사전통지서에는 어떤 내용이 담겨 있나?

행정청이 당사자에게 의무를 부과하거나 권익을 제한하는 처분을 하는 경우에는 사전통지를 해야 한다. 이에 따라 행정청이 행정처분을 할 때 사전통지서를 당사자에게 송달한다. 서류는 행정청의 사전통지서 표지, 처분 내용과 법적 근거 등이 포함되어 있는 서류와 의견제출서 서식으로 구성되어 있다. 행정청마다 양식이 다를 수는 있으나 사전통지서에는 기본적으로 당사자에게 알려야 하는 사항이 포함되어 있다. 행정청이 침해적 행정처분을 하면서 당사자에게 처분의 이유도 알려주지 않았거나 이유를 알려주었다 하더라도 그 내용을 알 수 없을 정도여서 이의를 제출할 수 없다면 아마도 이를 수용할 국민은 없을 것이다.

그래서 행정절차법에는 사전통지서에 담겨야 하는 사항을 정해놓았다. ① 처분의 제목, ② 당사자의 성명 또는 명칭과 주소, ③ 처분하려는 원인이 되는 사실과 처분의 내용 및 법적 근거, ④ 처분하려는 사항에 대해 의견을 제출할 수 있다는 뜻과 의견을 제출하지 아니하는 경우의 처리방법, ⑤ 의견 제출기관의 명칭과 주소, ⑥ 의견제출기한, ⑦ 그 밖에 필요한 사항이며, 또 의견제출에 필요한 일정한 기간을 두도록 하였고, 청문을 할 경우에는 청문과 관련된 주재자 등의 정보를 별도로 알려야 한다.

행정청은 사전통지를 할 때 의견제출기한까지 의견을 제출하지 않는 경우에는 이의가 없는 것으로 간주하여 행정처분을 하겠다는 내용과 별도로 출석하여 의견제출을 할 수 있으며, 인허가·면허의 취소 등 상대적으로 중한 처분의 경우에는 청문을 하거나 또는 청문을 신청할 수 있음을 안내한다.

행정처분 사전통지서를 받았다면 행정청마다 기재한 방식은 다를 수 있으나 법령에서 정한 내용은 포함되어 있다. 그렇다면 사전통지 된 내용에 대해 정확하게 파악해야 한다. 특히 처분의 원인이 되는 사실, 처분하고자 하는 내용, 법적 근거 및 조문내용을 주의 깊게 살펴봐야 한다.

처분의 원인이 되는 사실 : 이 난에는 '○○○○ 사업자의 준수사항 위반, ○○○○ 기준' 등으로 당사자의 위반내용을 적시하고, 위반사실이 발생한 일시를 기재하기도 한다.

처분하고자 하는 내용 : 인허가나 면허 취소, 업무·영업·자격 정지, 과징금 등의 처분내용이 '영업정지 ○○일' 등과 같이 구체적으로 기재되어 있다.

법적 근거 및 조문내용 : '○○○○법 제○○조제○○항제○○호, 같은 법 시행령 제○○조제○○항제○○호'와 같이 당사자가 위반한 법령명과 해당 조문이 기재되어 있다.

■ 행정절차법 시행규칙 [별지 제8호서식] <개정 2014.7.28>

행 정 기 관 명

수신자
(경유)
제 목 **처분사전통지서(의견제출통지)**

「행정절차법」 제21조제1항에 따라 우리 기관이 하고자 하는 처분의 내용을 통지하오니 의견을 제출하여 주시기 바랍니다.

예정된 처분의 제목							
당사자	성명(명칭)						
	주 소						
처분의 원인이 되는 사실							
처분하고자 하는 내용							
법적근거 및 조문내용							
의견제출	제출처	기관명		부서명		담당자	
		주소				전화번호	
		전자우편 주소				팩스번호	
	제출기한		년 월 일까지				

<의견제출시 유의사항>

1. 귀하는 앞쪽의 사항에 대하여 구술·정보통신망 또는 별지 제11호서식에 의한 서면으로 의견제출을 할 수 있으며, 주장을 입증할 증거자료를 함께 제출할 수 있습니다. 다만, 정보통신망을 이용하여 의견을 제출하고자 하는 경우에는 미리 의견제출기관으로 알려주시고, 의견을 제출한 후에 의견의 도달여부를 담당자에게 확인하여 주시기 바랍니다.
2. 의견제출기한내에 의견을 제출하지 아니하는 경우에는 의견이 없는 것으로 간주합니다.
3. 귀하께서 행정청에 출석하여 의견진술을 하고자 하는 경우에는 행정청에 미리 그 사실을 알려주십시오.
4. 그 밖에 궁금한 사항이 있으시면 의견제출기관으로 문의하시기 바랍니다.

※ 「행정절차법」 제22조제1항제3호에 따라 처분의 내용이 ① 인허가등의 취소 ② 신분·자격의 박탈 ③ 법인이나 조합 등의 설립허가의 취소 중 하나에 해당하는 경우에는 의견제출기한 내 청문을 신청하실 수 있습니다. 끝.

발 신 명 의 직인

기안자 직위(직급) 서명　　검토자 직위(직급) 서명　　결재권자 직위(직급) 서명
협조자
시행　　처리과-일련번호(시행)　　접수　　처리과명-일련번호(접수)
우　　주소　　/ 홈페이지 주소
전화번호( )　　팩스번호( )　　/ 기안자의 전자우편주소　　/ 공개구분

210mm×297mm[백상지 80g/㎡(재활용품)]

2. 사전통지서의 예정처분 법적 근거를 확인하려면?

앞서 사전통지서에서 처분의 원인이 되는 사실과 처분하고자 하는 내용, 법적 근거 및 조문내용을 주의 깊게 살펴봐야 한다고 했다. 사전통지서를 보면 행정청이 왜 처분하는지 그 법적 근거는 무엇인지 그리고 처분의 정도는 어떠한지 알 수 있고, 그래야 소명할 내용을 준비할 수 있다.

우선 처분의 원인이 되는 사실을 보면, 행정청이 어떠한 사실을 위반사항을 보았는지 알 수 있다. 예를 들면 음식점에서 유통기한이 경과된 식품 사용이나 청소년에게 주류를 제공하는 행위(식품위생법), 담배소매업자가 청소년에게 담배를 판매했는지(담배사업법), 주류판매업자가 허가받지 않은 장소에서 주류를 판매했는지(주류면허법), 인형 뽑기방에서 제공한 경품이 일정 가격을 상회했는지(게임산업법), 주유소에서 유사석유를 판매하거나 이동판매금지 사항을 위반했는지(석유사업법), 폐기물처리업자가 폐기물을 보관해야 하는 장소 외에 보관했는지(폐기물관리법) 등이다.

행정청이 적발한 사실에 대해 당사자의 입장에서 달리 주장할 사항이 있는지, 어떤 점에서 억울한지 따져봐야 한다. 예를 들어 음식점에서 청소년이 음주하였다고 하자. 이를 누군가가 신고하였고 행정청이 조사한 결과 청소년이 주류를 마신 사실을 확인했다면 행정처분 사전통지를 할 것이다. 그런데 업주는 청소년이 합석하였는지도 몰랐고, 또 제공한 바도 없었는데 나중에 합석한 청소년이 이미 성인에게 판매된 주류를 마신 사실이 원인이라면 매우 억울한 일이다.

이러한 사건에 대해 대법원은 음식점을 운영하는 사람이 그 음식점에 들어온 여러 사람의 일행에게 술 등의 주류를 판매한 행위가 청소년보호법 제51조 제8호에 규정된 '청소년에게 주류를 판매하는 행위'에 해당하기 위해서는, 그 일행에게 술을 내어 놓을 당시 그 일행 중에 청소년이 포함되어 있었고 이를 음식점 운영자가 인식하고 있었어야 할 것이므로, 술을 내어 놓을 당시에는 성년자들만이 자리에 앉아서 그들끼리만 술을 마시다가 나중에 청소년이 들어와서 합석하게 된 경우에는 처음부터 음식점 운영자가 나중에 그렇게 청소년이 합석하리라는 것을 예견할 만한 사정이 있었거나, 청소년이 합석한 후에 이를 인식하면서 추가로 술을 내어 준 경우가 아닌 이상, 합석한 청소년이 상 위에 남아 있던 소주를 일부 마셨다고 하더라도 음식점 운영자가 청소년에게 술을 판매하는 행위를 하였다고는 할 수 없다(대법원 2009. 4. 9., 선고, 2008도11282, 판결)고 판시하며 처분 받은 사람의 손을 들어 주었다.

이 사건과 같이 청소년이 주류를 마셨다 하더라도 사건 발생의 구체적인 경위가 어떠하냐에 따라 관련 법령을 위반하였는지 여부를 따져봐야 할 것이다. 단지 음식점에서 청소년이 주류를 마신 사실만으로 처분의 적법·타당성이 인정되는 것은 아니다. 이렇듯 행정청이 처분하고자 하는 원인 사실을 명확하게 이해하고 그 원인 사실의 구체적인 경위를 되짚어 당사자 입장에서 소명해야 할 것이다.

다음은 처분하고자 하는 내용과 법적 근거 및 조문내용을 살펴보자.

처분하고자 하는 내용에 기재되어 있는 법적 근거 및 조문내용을 꼼꼼하게 따라가다 보면 행정청이 왜 사전통지서와 같은 내용으로 처분을 하려는지 알 수 있다. 이 내용을 꼼꼼하게 체크하는 것이 조금 까다로울 수도 있지만 의견을 제출하거나 행정심판을 청구할 때 이 부분을 잘 검토해야 좋은 결과를 얻을 수 있다.

국민의 권리를 제한하거나 의무를 부과하는 사항은 반드시 법률로 규정하여야 한다는 '법률유보의 원칙'에 따라 행정청이 침해적 처분을 하려면 반드시 그 처분의 법적 근거가 있어야 한다. 그래서 사전통지를 해야 하는 항목에 '○○○○법률 제○○조제○○항제○○호, 시행령 제○○조'와 같이 처분의 법적 근거를 명시하는 것이고 이 법적 근거에 따라 '영업정지 ○개월'의 처분을 하는 것이다. 여기서 검토해야 할 사항은 처분 적용 법률이 정확한지 또는 적용 조문에 문제가 없는지 처분의 원인이 되는 사실에 부합하는지 살펴봐야 할 것이며, 처분의 내용이 적정한지도 따져봐야 한다.

폐기물관리법의 사례를 들어 행정청이 처분하고자 하는 내용을 살펴보고 의견제출을 할 때 어떤 주장을 펼쳐야 하는지 살펴보자. 다른 법률에 의한 처분도 유사하므로 설명내용에 따라 검토하면 될 것이다.

가령 사전통지서에 처분의 원인이 되는 사실은 '허가받은 보관 장소 외 보관', 처분하고자 하는 내용은 '영업정지 1개월, 폐기물처리명령', 법적 근거 및 조문내용은 '폐기물관리법 제25조제9항제1호, 제39조의3, 제48조의2, 제60조 및 같은법 시행규칙 제83조(행정처분의 기준)'인 경우 폐기물관리법을 찾아 해당 조문을 찾아봐야 한다.

폐기물관리법 제25조제9항제1호는 폐기물처리업자의 준수사항으로 '폐기물을 허가받은 사업장 내 보관시설이나 승인받은 임시보관시설 등 적정한 장소에 보관할 것', 제39조의3은 폐기물처리업자 등에 대한 폐기물처리

명령, 제48조의2는 처분 전 의견제출 기회 부여, 제60조 및 같은법 시행규칙 제83조는 행정처분의 기준을 명시하고 있다.

여기서 법 제60조는 행정처분의 기준을 환경부령에 정하도록 하였고, 이에 따라 폐기물관리법 시행규칙 제83조제1항에서 '행정처분기준은 [별표21]'과 같다고 되어 있다. [별표 21]의 행정처분기준에서 2. 개별기준, 다. 폐기처리업자에 대한 행정처분 기준, 16) 법 제25조제9항을 위반하여 폐기물을 보관하거나 준수사항을 위반한 경우, 가) 법 제25조제9항1호 또는 제2호를 위반한 경우 1차 영업정지 1개월, 2차 영업정지 3개월, 3차 영업정지 6개월, 4차 허가취소로 명시되어 있다.

사전통지의 근거조문을 보면, 이 사건은 폐기물처리업자가 폐기물을 허가받은 장소에 보관하여야 하는 준수사항을 1차 위반하여 영업정지 1개월과 폐기물처리명령을 받았음을 알 수 있다.

■ 폐기물관리법 시행규칙 [별표 21]

행정처분기준(제83조제1항 관련)

2. 개별기준

다. 폐기물처리업자에 대한 행정처분 기준

위반행위	근거 법령	1차	2차	3차	4차
16) 법 제25조제9항을 위반하여 폐기물을 보관하거나 준수사항을 위반한 경우	법 제27조 제2항제8호				
가) 법 제25조제9항제1호 또는 제2호를 위반하여 폐기물을 보관한 경우		영업정지 1개월	영업정지 3개월	영업정지 6개월	허가취소

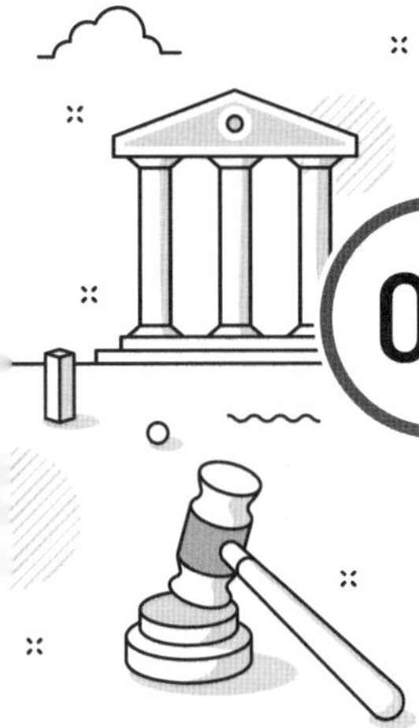

03 사전통지서를 받았다면 **의견제출서**를 작성하자

1. 의견제출서를 작성할 때 염두에 둬야 할 주요 포인트는?

행정처분 사전통지서를 받았다는 사실은 행정청이 보기에 당사자가 관련 법령을 위반하였다고 판단하고 행정처분 조치를 취하겠다는 의미이다. 더불어 이견이 있다면 의견을 제출할 수 있는 기회를 주겠다는 뜻으로 만일 당사자가 행정청이 정한 기한 내에 의견제출을 하지 않는다면 행정청이 당초 통지한 '처분하고자 하는 내용'대로 행정처분을 하겠다는 것이다. 따라서 당사자가 '처분의 원인이 되는 사실, 법적 근거'에 이견도 없고 '처분하고자 하는 내용'을 전적으로 수용하겠다면 의견을 제출할 필요도 없고 이후 송달되는 처분명령서에 따라 이행하면 될 것이다.

여기서 다시 한 번 곰곰이 생각해야 할 부분이 있다. 생업에 종사하느라 하루하루가 바쁘고, 전문지식이 부족한 자영업자 등의 당사자는 행정청으로부터 서류를 받게 되면 일단 당황하기 마련이다. 법령을 위반한 사실이 전혀 없다면 적극 소명하겠지만 위반한 사실이 있다고 생각이 들면 사실관계나 법령을 따져보지도 않고 행정처분의 내용을 수용하는 경향이 있다. 의견제출은 당사자가 행정처분 사전통지에 대해 합법적으로 소명할 수 있는 기회이다. 이를 활용하지 않고 '바빠서', '잘 몰라서', '행정청이 어련히 알아서 했겠지' 하며 그대로 처분을 수용하는 것은 법이 보장하고 있는 권리를 포기하는 것과 같다. 스스로 권익회복의 기회를 포기하지 말고 법에 마련된 권리를 충분히 활용해 볼 것을 권고하고 싶다.

의견제출서를 작성할 때 염두에 두어야 할 점은 무엇인가. 먼저 내용과 표현에 신중을 기해야 한다. 범죄 영화에서 경찰이 범죄혐의자를 체포하면서 "당신은 묵비권을 행사할 수 있으며, 당신이 한 말은 당신에게 불리한 증거가 될 수 있고 당신은 변호사를 선임할 권리가 있습니다."라는 대사를 많이 들어보았을 것이다. 소위 '미란다 원칙'이라는 이 대사와 같이 우리 헌법과 형사소송법에는 범죄혐의자에게 이 원칙을 고지하도록 명시하고 있다. 여기서 주목해야 하는 것은 '당신이 한 말은 당신에게 불리한 증거'가 될 수 있다는 것이다. 형사소송법에도 검사가 피의자를 심문하기 전에 '진술을 거부할 권리를 포기하고 행한 진술은 법정에서 유죄의 증거로 사용될 수 있다'는 것을 알려주도록 규정되어 있다.

행정처분 사전통지를 이야기 하다 갑자기 웬 미란다 원칙이냐고 하겠지만 사전통지를 받기 전에 조사 나온 담당공무원이 위법사실 확인과정에서 당사자가 소명하기 위해 한 말이나 작성한 서류에 서명을 했다면 그 내용의 해석에 따라 그리고 의견제출서를 제출했다면 그 작성한 내용에 따라 오히려 당사자에게 불리하게 작용할 수 있기 때문이다.

만일 다급한 마음에 사실이 아닌 내용을 진술하였거나 증거를 제시하였다가 후에 거짓이 밝혀진다면 처분을 면하기는 고사하고, 감경받을 수 있는 기회마저도 날려버릴 수 있다. 또 소명하는 과정에서 착각하여 진술하거나 사실과 다르게 알고서 위반사실을 인정한 경우에도 마찬가지이다. 나중에 이를 번복하려면 명백한 증거를 제시해야 하고, 명확한 증거가 없다면 최대한도의 처분을 받을 수도 있다. 특히 조사나 진술의 내용을 확인하는 서명이나 자술서를 제출하는 경우에 꼭 명심해야 할 사항이다. 서면으로 제출하는 자료에 서명을 할 때는 내용을 꼼꼼하게 살펴보고, 표현까지도 세심하게 확인해야 한다. 담당공무원의 조사에 응하거나 진술서 또는 확인서를 제출할 때, 그리고 의견제출서를 작성할 때 이러한 점을 각별히 주의하여야 한다.

또 다른 하나는 사전통지한 행정청에 의견을 제출한다는 것이다. 즉 의견제출서는 위반사실을 조사·확인한 행정청이 처분하기 전에 당사자의 의견을 듣는 방식으로 처분하려는 행정청에 제출되고 그 행정청이 검토하게 된다. 따라서 행정청이 의견제출서를 검토했는데 처분을 취소하거나 변경할 만한 명백한 사유가 있지 않는 한 사전통지한 처분의 내용을 변경하는 경우는 드물다. 이는 행정청이 사전통지를 하기 전에 이미 현장조사나 면담, 유·무선 통화 등의 방법으로 당사자의 의견을 듣고 처분을 예고하였기 때문이다. 당사자의 의견 반영이 쉽지 않을 것이라 하더라도 처분이 있기 전 할 수 있는 사실상 마지막 소명 기회이므로 적극적으로 활용해야 한다. 하지만 사전통지 이전에 충분히 소명하였음에도 의견이 받아들여지지 않았다면,

그리고 의견제출서에 새로운 의견을 담을 수 없다면 의견제출서를 작성 · 제출하지 않고 행정처분명령서를 수령한 후 행정심판 절차를 밟는 경우도 있다.

2. 소명 논거와 증거자료를 철저히 준비하자

행정처분 사전통지를 받고 예정처분의 사유와 근거법령을 확인하였다면 행정청에 제출할 의견제출서 작성 전에 본격적으로 소명의 논거와 증거를 준비해야 한다. 소명할 내용을 준비하면서 염두에 두어야 하는 것은 일관성이다. 행정청이 사전통지 전 조사하였을 때의 진술과 증거, 의견 제출할 때의 내용이 논리적으로 일관되어야 하며, 이러한 태도는 후에 행정심판을 청구할 때도 견지하여야 한다. 제3자가 보더라도 주장이 충돌하거나 주장을 번복한다면 기대한 결과를 얻기 힘들 것이다. 행정청이 조사할 때부터 객관적 사실에 기초한 일관성 있는 진술이나 소명 등은 매우 중요하다.

판례 [대법원 2020. 10. 15., 선고, 2020두39624, 판결]

행정청이 현장조사를 실시하는 과정에서 조사상대방으로부터 구체적인 위반사실을 자인하는 내용의 확인서를 작성 받았다면, 그 확인서가 작성자의 의사에 반하여 강제로 작성되었거나 또는 그 내용의 미비 등으로 인하여 구체적인 사실에 대한 증명자료로 삼기 어렵다는 등의 특별한 사정이 없는 한 그 확인서의 증거가치를 쉽게 부정할 수 없다.

그렇다면 어떠한 주장을 담을 것인가? 앞서 사전통지에서 처분의 원인이 되는 사실, 처분하고자 하는 내용, 근거법령 및 조문내용을 살펴보았다. 특히 '처분의 원인이 되는 사실'을 당사자의 입장에서 사건의 경위를 소명할 필요가 있다. 음식점에서 청소년이 주류를 마신 사실이 있다 하더라도 당사자가 준수사항을 위반하지 않았거나 그 사실을 알 수 없었다면 처분의 억울한 사정을 소명하여야 한다. 단지 결과적으로 행정처분의 대상이 되는 사실이 발생한 것만으로 행정처분의 정당성이 인정될 수는 없는 일이다.

또 폐기물을 '허가받은 보관 장소 외 보관'하였다 하더라도 천재지변이 있었거나 폭우·강설 등으로 인해 허가받은 장소로 운반하지 못할 만한 부득이한 사정으로 인해 다른 장소에 보관하였다면 이를 소명하면 된다. 심판례를 보면 청구인이 폐기물의 처리위탁을 받은 다음날부터 폭설이 내리기 시작하여 상당한 양의 적설량이 있었던 것으로 확인되고 현실적으로 눈이 내릴 무렵부터 그 폐기물을 청구인의 폐기물처리장으로 운반하기는 어려웠다고 인정되고, 뿐만 아니라 청구인이 폐기물을 보관하였던 장소는 청구인이 이미 폐기물보관장소 변경승인 신청을 하였던 장소이고 실제로 청구인이 적발된 다음날에 시장으로부터 폐기물보관장소 변경승인을 받았다는 점 등을 고려하면, 피청구인의 이 건 처분은 그로 인하여 달성하고자 하는 폐기물의 적정처리라는 목적을 감안한다 하더라도 수단과 목적 간에 비례관계를 벗어난 것으로서 재량권의 한계를 일탈한 위법·부당한 처분(국민권익위원회 2001-06694, 2001. 9. 17., 인용)이라 재결한 바 있다.

소명을 하더라도 당사자의 주장만으로는 행정청이나 제3자를 설득하기가 쉽지 않다. 따라서 주장을 입증할 증빙자료를 준비해야 한다. 법에는 당사자가 의견제출을 하는 경우 그 주장을 입증하기 위한 증거자료 등을 첨부할 수 있으므로(행정절차법 제27조제2항) 증거로 삼을 만한 자료가 있다면 공문, 사진, 동영상 사건 관계자나 목격자 등의 사실확인서, 탄원서, 진정서, 통화 기록, 녹취록 등 당사자의 주장을 뒷받침할 증빙이 될 만한 무엇이라도 상관없이 준비할 필요가 있다.

이때 제출한 소명의 논거와 증거자료는 향후 의견이 받아들여지지 않아 사전통지한 처분내용대로 행정처분을 하였을 때 쟁송의 단계인 행정심판을 청구할 때에도 주장의 근거로 삼을 수 있다는 점을 염두에 두고 준비하여야 한다. 좀 더 자세한 내용은 '제3장 행정심판을 청구해야 하는 이유와 사전검토 사항은'을 참고하기 바란다.

3. 의견제출서는 어떻게 작성하나?

의견제출서는 당사자가 행정처분 사전통지를 한 행정청에 이견을 제출하는 것이고, 당해 행정청은 제출받은 의견제출서를 검토한다. 즉 위반사실을 조사·확인한 행정청이 의견제출서에 따라 다시 한 번 검토한다는 뜻이다. 때문에 특별한 사유가 확인되지 않는 한 사전통지를 철회하거나 취소하는 것을 기대하기가 어렵다. 그렇기 때문에 의견제출서를 작성할 때 취소나 행정처분을 시행하지 말 것을 주장하면서도 처분의 감경에 목적을 두는 경우가 많다.

이때 유의해야 할 점은 처분의 감경이 절박하다고 해서 행정청이 제시한 '처분의 원인이 되는 사실'을 면밀하게 검토하지 않고 인정하며 반성하는 태도는 적절하지 않다. 만일 그 원인이 다툼의 여지없이 명백하고 당사자도 전적으로 수용한다면 당연히 반성하고 재발방지 노력을 해야 할 것이다. 그러나 제출한 의견이 받아들여지지 않을 경우 행정심판 청구를 염두에 두고 있다면 행정청의 주장을 인정하는 태도는 좀 더 신중하게 고려해야 한다. 왜냐하면 앞서 '미란다 원칙'을 언급하며 밝혔듯이 '당신이 한 말은 당신에게 불리한 증거가 될 수 있다'는 점을 상기할 필요가 있다. 이후 당사자가 행정심판을 청구하게 되면 행정청이 행정심판위원회에 답변서를 제출하게 되는데 당사자가 제출한 의견제출서를 증거서류로 제출하면서 '청구인이 처분의 원인이 되는 사실을 인정'하였다는 점을 강조하며 처분의 적법·타당성을 주장할 것이기 때문이다.

의견제출서는 행정절차법 시행규칙에 서식이 있으니 그대로 내려받아 작성하면 된다. 이 서식에 의견제출인과 당사자는 대개의 경우 동일하므로 사전통지 당사자와 주소, 연락처를 기입하고, 예정된 처분의 제목은 사전통지서에 적힌 내용을 참고하여 '○○○○법률 위반에 따른 ○○○○처분'이라 작성한다. 의견란에는 기재란이 부족할 경우 '별도로 작성'이라 쓰고 별지에 작성하여 첨부하면 된다. 의견제출서 별지는 정해진 양식이 없으므로 의견 내용에 따라 편리하게 작성하는데 첨부한 양식에 따라 작성하면 별 문제 없을 것이다. 의견제출서에 담겨야 할 중요 내용은 '위반사항이 없다', '정당한 사유가 있다', '불가피한 사유가 있다', '예정처분의 변경과 감경요청' 등이 될 것이다. 누차 강조하는 점은 행정청이 처분 사전통지를 하였다는 것은 이미 위반사실을 확인했고, 의견제출인이 이를 달리 판단할 만한 이유를 제시하지 못한다면 처분명령을 내리겠다는 뜻이다. 따라서 의견제출인은 행정청이 처분명령을 취소하도록 주장하거나 처분하더라도 예정된 처분내용보다 감경하여 처분할 수 있도록 작성하고, 주장이나 소명을 증명하기 위해 증거서류를 첨부하여 제출하면 된다. 좀 더 자세한 작성요령은 이 책 '제4장 행정심판 청구서 어떻게 작성하나'를 참고하기 바란다.

■ 행정절차법 시행규칙 [별지 제11호서식] <개정 2014.7.28>

의 견 제 출 서

※ 아래의 유의사항을 읽고 작성하시기 바랍니다.

의견제출인	성명		
	주소		전화번호
의견제출 내용	① 예정된 처분의 제목		
	당사자	성명(명칭)	
		주소 (전화번호:)	
	의 견		
	기 타		

「행정절차법」 제27조제1항(제31조제3항)에 따라 위와 같이 의견을 제출합니다.

년 월 일

의견제출인 (서명 또는 인)

귀하

유 의 사 항
1. 기재란이 부족한 경우에는 별지를 사용하실 수 있습니다. 2. 증거자료 등을 첨부하실 수 있습니다. 3. 위 의견제출과 관련하여 문서를 받으신 경우에는 문서번호와 일자를 ①란에 함께 기재하여 주시기 바랍니다.

210㎜×297㎜[백상지 80g/㎡(재활용품)]

의견제출서

의견제출인 :
주　　　소 :
사전통지처분 :

의견제출 취지

의견제출 이유

1. 이 사건의 경위
   가.
   나.
2. 의견제출 이유
   가.
   나.
3. 결론

증거서류

1. 제1호증
2. 제2호증

○○○○년 ○○월 ○○일

의견제출인　　(서명 또는 날인)

○○시○○구청장 귀중

2장

침해된 권익을 회복하려면 **행정심판**을 알아야 한다

01 행정심판 **절차**와 **대상**을 알아보자

1. 행정심판이란?

행정청으로부터 받은 위법·부당한 처분명령에 대해 당사자의 권리구제 절차로서 행정심판을 다루고자 한다. 행정심판의 개념을 넓게 혹은 좁게 해석할 수 있지만, 여기서의 행정심판은 행정심판법에 따른 행정심판을 의미한다.

우리 헌법에는 '재판의 전심절차로서 행정심판을 할 수 있다. 행정심판의 절차는 법률로 정하되, 사법절차가 준용되어야 한다.'(헌법 제107조제3항)고 새겨져 있듯이 행정심판은 헌법에 근거를 둔 권리구제 수단으로 공정성과 실효성을 확보하기 위해 사법절차를 따르도록 하였다.

행정소송제도가 있음에도 행정심판제도를 둔 이유는 무엇일까? 행정소송은 행정행위에 의하여 침해된 국민의 권익을 구제하기 위하여, 독립된 사법기관인 법원의 소송절차를 통해 진행되고, 원칙적으로 법률 문제만을 판단하며 종결 시까지 상당한 시일을 요하는 면이 있다. 다른 한편 행정심판은 행정기관의 처분에 불복한 청구인의 제기에 따라 행정기관 스스로 한 처분에 대한 심판으로 내부적 판단의 종결을 의미하며, 행정처분의 하자를 자율적으로 시정하도록 하는 행정의 자율적 통제기능이 있으며, 행정기관의 전문성을 활용함으로써 법원의 전문성을 보완하며, 행정심판 단계에서 분쟁을 해결함으로써 법원의 부담을 경감할 수 있다. 또한 소송절차에 비하여 신속 · 간편하고 경제적이므로 권리구제에 드는 시간과 비용을 절약할 수 있고, 처분의 적법성 여부뿐만 아니라 법원이 판단할 수 없는 처분의 당 · 부당의 문제에 관해서도 심사받을 수 있다. 특히 의무이행에 관한 다툼을 행정소송은 인정하고 있지 않으나 행정심판은 인정하고 있다는 점을 주목할 필요가 있다. 행정심판의 유리한 측면을 활용하려면 행정소송으로 바로 갈 수 있다 하더라도 행정심판을 청구하여 판단을 구할 필요가 있다.

헌재결정례 [전원재판부, 2001헌바40, 2002. 10. 31.]

행정심판의 기능 및 존재 이유로서는 첫째, 행정청에게 먼저 재고와 반성의 기회를 주어 행정처분의 하자를 자율적으로 시정하도록 하는 '자율적 행정통제'의 기능, 둘째, 행정의 전문 · 기술성이 날로 증대됨에 따라 행정기관의 전문지식을 활용할 수 있도록 함으로써 법원의 전문성 부족을 보완하는 기능, 셋째, 분쟁을 행정심판 단계에서 해결하도록 함으로써 분쟁해결의 시간과 비용을 절약하고 법원의 부담을 경감할 수 있다는 기능 등을 들 수 있다.

헌재결정례 [전원재판부 2015헌바229, 2016. 12. 29.]

행정심판 절차는 소송절차에 비하여 신속, 간편하고 경제적이므로 권리구제에 드는 시간과 비용을 절약하는 긍정적 측면도 있고, 또한 처분의 적법성 여부뿐만 아니라 법원이 판단할 수 없는 처분의 당·부당의 문제에 관해서도 심사받을 수 있다.

한편 행정심판은 사법절차의 준용 요구에 따라 당사자 간의 공격과 방어의 기회를 보장하고, 판단기관의 독립성과 공정성 보장의 측면을 중시하고 있다. 헌법재판소 헌재례를 보면 헌법 제107조제3항은 사법절차가 "준용" 될 것만을 요구하고 있으나 판단기관의 독립성과 공정성, 대심적 심리구조, 당사자의 절차적 권리보장 등의 면에서 사법절차의 본질적 요소를 현저히 결여하고 있다면 "준용"의 요청에마저 위반된다고 하며, 지방세심의위원회가 그 구성과 운영에 있어서 심의·의결의 독립성과 공정성을 객관적으로 신뢰할 수 있는 토대를 충분히 갖추고 있다고 보기 어려운 점, 이의신청 및 심사청구의 심리절차에 사법절차적 요소가 매우 미흡하고 당사자의 절차적 권리보장의 본질적 요소가 결여되어 있다고 적시하며 헌법에서 요구하는 "사법절차 준용"의 요청을 외면하고 있다고 하였다(전원재판부, 2000헌바30, 2001. 6. 28.).

이런 면에서 볼 때 행정심판은 일반민원, 고충민원, 청원, 진정, 탄원 등과는 구별된다. 행정심판은 "사법절차 준용"으로 대심적 심리구조, 당사자의 절차적 권리를 보장하고 심판청구를 인용하는 재결은 피청구인과 그 밖의 관계 행정청을 기속(羈束)하고, 재결이 있으면 행정청은 지체 없이 이전의 신청에 대하여 재결의 취지에 따라 처분을 하여야 한다.

그런데 당사자 등이 요청하려는 사안이 '처분이나 부작위'에 해당하지 않아 행정심판을 제기할 수 없다면 행정청에 일반민원, 고충민원, 청원, 진정, 탄원 등의 방법으로 주장, 의견, 희망, 호소 등의 내용을 제출하는 것도 방법이다. 이를 접수한 행정청은 그 내용이 적절하다고 판단되면 어떠한 조치를 취할 수도 있으므로 이와 같은 제도를 활용하는 것도 방책이 될 수 있다. 하지만 행정청이 회신, 권고, 무응답 등의 행위를 하면서 어떠한 실질적 조치를 취하지 않는다 하더라도 이에 대해 행정심판을 청구할 수 없다. 왜냐하면 이러한 행위는 '처분이나 부작위'에 해당하지 않아 행정심판의 대상이 될 수 없기 때문이다. 하지만 민원이라 하더라도 민원인이 법규상 또는 조리상 근거에 의해 신청하고, 행정청은 이행할 법률상 의무가 있음에도 이를 행하지 않는 경우에는 행정심판의 대상이 된다.

일반민원 : 민원 처리에 관한 법률에서 "민원"이란 민원인이 행정기관에 대하여 처분 등 특정한 행위를 요구하는 것을 말하며 일반민원과 고충민원으로 구분하고, 일반민원에는 **법정민원**(관계법령 등에서 정한 일정 요건에 따라 인가·허가·승인·특허·면허 등을 신청하거나 장부·대장 등에 등록·등재를 신청 또는 신고하거나 특정한 사실 또는 법률관계에 관한 확인 또는 증명을 신청하는 민원), **질의민원**(법령·제도·절차 등 행정업무에 관하여 행정기관의 설명이나 해석을 요구하는 민원), **건의민원**(행정제도 및 운영의 개선을 요구하는 민원) 등으로 나누고 있다.

고충민원 : 행정기관 등의 위법·부당하거나 소극적인 처분(사실행위 및 부작위를 포함한다) 및 불합리한 행정제도로 인하여 국민의 권리를 침해하거나 국민에게 불편 또는 부담을 주는 사항에 관한 민원으로(부패방지 및 국민권익위원회의 설치와 운영에 관한 법률 제2조) 행정기관에 의한 권리구제 수단이라는 점에서 행정심판과 유사성이 있으나 권익을 침해당하거나 불편·부담을 겪은 국민이라면 누구나 제기할 수 있으며, 신청의 기한도 없다. 다만 고충으로 인정된다 하더라도 행정기관에 대한 권고의 수준으로 행정기관이 사안에 따라 수용하지 않는 사례도 있다.

청원 : 헌법 제26조에는 모든 국민은 법률로 정하는 바에 의하여 국가기관에 문서로 청원할 권리를 가지고 국가는 청원에 대하여 심사할 의무를 진다고 명시하고 있으며 이 규정에 의한 청원권 행사의 절차와 청원의 처리에 관한 사항을 청원법에서 정하고 있다. 국가기관을 대상으로 청원하고 국가가 심사하는 점은 행정심판과 유사하나 누구든지 기간의 제한 없이 모든 국가기관에 대하여 원칙적으로 모든 사항에 대해 청원할 수 있는 점에서 차이가 있다. 단지 청원에 대한 결정은 그 효력이 인정되지 않으며, 그 결과를 통지받는 데 그친다.

진정·탄원 : 행정청에 사정을 진술하고 어떤 조치를 희망하고 요청하는 진정과 탄원 역시 민원의 성격을 가지고 있다. 이는 대체로 법적 처벌이 되지 않도록 호소하는 것으로 이에 대한 조치 여부는 행정청의 재량에 속한다.

2. 행정심판 절차는 어떻게 되는가?

사전통지한 행정청에 당사자가 의견을 제출하였다면, 행정청은 제출받은 의견이 상당한 이유가 있다고 인정되는 경우에는 반영해야 한다(행정절차법 제27조의2). 여기서 '상당한 이유'에 해당하는 사례는 행정청이 조사한 당사자의 위법행위가 사실과 다르거나 동일한 사안에 대한 처분이 잘못되었음이 판례로 확정되었거나 이에 준하는 경우라 할 것이다.

하지만 행정청이 제출된 의견을 검토하였으나 상당한 이유를 인정할 수 없다면 사전통지한 바와 같이 행정처분을 시행한다. 행정청이 처분을 할 때에는 당사자에게 그 근거와 이유를 제시하여야 하며(행정절차법 제23조), 처분을 문서로 하고, 문서에는 그 처분 행정청과 담당자의 소속 · 성명 및 연락처(전화번호, 팩스번호, 전자우편주소 등을 말한다)를 적어야 한다(행정절차법 제24조). 또 당사자에게 그 처분에 관하여 행정심판 및 행정소송을 제기할 수 있는지 여부, 그 밖에 불복을 할 수 있는지 여부, 청구절차 및 청구기간, 그 밖에 필요한 사항을 알려야 한다(행정절차법 제24조, 제26조).

(예시) 행정처분 시 행정심판 및 행정소송을 제기할 수 있다는 내용의 고지

위 처분에 대하여 불복이 있는 경우에는 행정심판법이 정하는 내용에 따라 처분이 있음을 안 날부터 90일 이내에, 처분이 있는 날부터 180일 이내에 ○○시장 또는 ○○도지사에게 행정심판을 청구할 수 있으며, 행정소송법에 따라 ○○지방행정법원에 행정소송을 제기할 수 있음을 알려드립니다.

행정청은 당사자의 의견제출서를 검토한 후 관련법 절차에 따라 당사자에게 행정처분을 명령한다. 하지만 의견이 받아들여지지 않고 처분하였다면 당사자 입장에서 억울하거나 아쉬울 수 있다. 이때 행정청의 처분이 위법부당하다면 구제절차로 행정심판 절차를 밟을 필요가 있다. 행정심판 청구를 하게 되면, 의견제출인은 청구인이 되고, 행정청은 피청구인(처분청)이 된다. 즉 의견제출 시에는 행정청이 당사자에 대해 우월한 지위를 갖지만 행정심판은 대심주의로 처분에 대해 다투는 청구인과 처분청이 공격과 방어를 통하여 심리하는 것으로 주장할 수 있는 기회가 대등하게 보장된다.

행정심판을 청구하는 청구인 입장에서 행정심판 절차의 전 과정과 오가는 문서의 개요를 먼저 이해하고 행정심판을 대한다면 더 좋은 결과를 얻을 수 있을 것이다.

다음은 행정심판 절차가 어떻게 되느냐를 살펴보고자 한다.

행정심판법에 따른 행정심판 절차와 관련하여 어떤 규정이 있는지 알아보자. 행정심판 청구서를 제출할 때 행정심판을 청구하려는 자는 심판청구서를 작성하여 피청구인이나 위원회에 제출하여야 하고, 이 경우 피청구인의 수만큼 심판청구서 부본을 함께 제출하여야 한다(법 제23조제1항). 그리고 행정청이 고지를 하지 아니하거나 잘못 고지하여 청구인이 심판청구서를 다른 행정기관에 제출한 경우 그 행정기관은 그 심판청구서를 지체 없이 정당한 권한이 있는 피청구인에게 보내야 한다(법 제23조제2항). 심판청구서를 접수하거나 송부 받은 피청구인은 10일 이내에 심판청구서와 답변서를 위원회에 보내도록 하고 있으며(법 제24조제1항) 위원회가 심판청구서를 접수한 경우 위원회는 지체 없이 피청구인에게 심판청구서 부본을 보내야 하고,

또 피청구인으로부터 답변서가 제출되면 답변서 부본을 청구인에게 송달하여야 한다(법 제26조). 심판청구는 서면으로 하며 심판청구서에는 청구인의 이름과 주소 또는 사무소, 피청구인과 위원회, 심판청구의 대상이 되는 처분의 내용, 처분이 있음을 알게 된 날, 심판청구의 취지와 이유, 피청구인의 행정심판 고지 유무와 그 내용을 포함하여야 하며 청구한 자의 서명 또는 날인(법 제28조)하도록 규정하고 있다.

또 위원회는 처분, 처분의 집행 또는 절차의 속행 때문에 중대한 손해가 생기는 것을 예방할 필요성이 긴급하다고 인정할 때에는 직권으로 또는 당사자의 신청에 의하여 처분의 효력, 처분의 집행 또는 절차의 속행의 전부 또는 일부의 정지를 결정할 수 있으며(법 제30조제2항), 당사자는 심판청구서 · 보정서 · 답변서 · 참가신청서 등에서 주장한 사실을 보충하고 다른 당사자의 주장을 다시 반박하기 위하여 필요하면 위원회에 보충서면을 제출할 수 있다. 이 경우 다른 당사자의 수만큼 보충서면 부본을 함께 제출하여야 한다(법 제33조제1항). 그리고 당사자는 심판청구서 · 보정서 · 답변서 · 참가신청서 · 보충서면 등에 덧붙여 그 주장을 뒷받침하는 증거서류나 증거물을 제출할 수 있으며, 증거서류에는 다른 당사자의 수만큼 증거서류 부본을 함께 제출하여야 하고, 위원회는 당사자가 제출한 증거서류의 부본을 지체 없이 다른 당사자에게 송달하여야 한다(법 제34조).

행정심판의 심리는 구술심리나 서면심리로 한다. 다만, 당사자가 구술심리를 신청한 경우에는 서면심리만으로 결정할 수 있다고 인정되는 경우 외에는 구술심리를 하며(법 제40조), 위원회는 심리기일 7일 전까지 당사자에게 서면 등으로 알려야 하고(법 시행령 제26조) 당사자가 구술심리를 신청하려면 심리기일 3일 전까지 위원회에 서면 또는 구술로 신청(법 시행령 제27조)하여야 한다.

이러한 법 규정을 염두에 두고 이제 행정심판 절차를 알아보도록 하자.

행정심판 절차

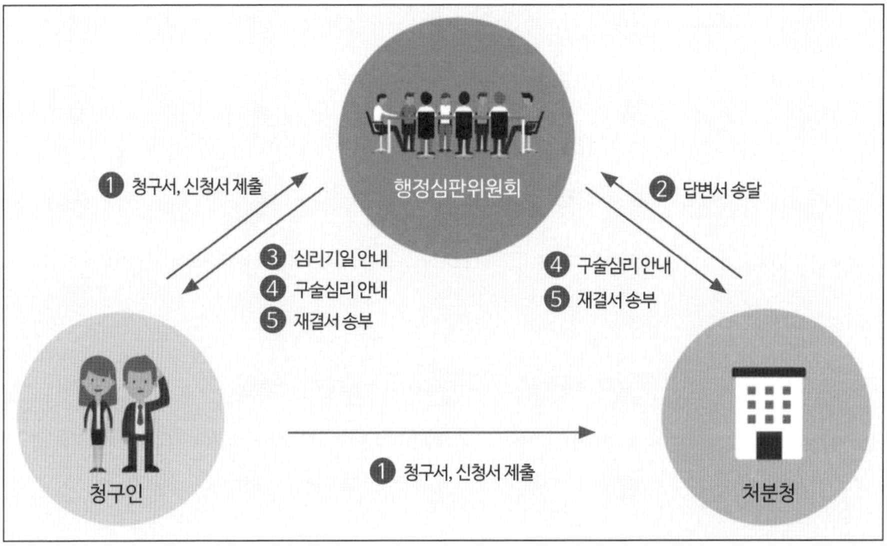

출처 : 중앙행정심판위원회

① 청구인은 심판청구서에 증거서류를 첨부하여 피청구인 수만큼의 부본과 함께 처분청이나 소관 위원회에 제출한다. 심판청구서를 제출하면서 필요한 경우 집행정지신청서도 함께 제출한다. 심판청구서와 집행정지신청서를 위원회가 접수받으면 심판청구서 부본을 처분청으로 송부한다. 처분청이 심판청구서와 집행정지신청서를 접수받으면 심판청구서와 답변서를 10일 이내에 위원회로 보내야 하며, 집행정지신청서는 즉시 보내야 한다.

② 심판청구서와 집행정지신청서를 접수한 위원회는 심판청구서 부본을 처분청에 송부하고 송부 받은 처분청은 답변서를 작성하여 다시 위원회로 송달한다. 위원회는 이 답변서를 청구인에게 보내고, 이를 확인한 청구인은 답변서에 대해 반박하거나 또는 주장의 보충을 위한 보충서면을 작성하여 피청구인 수만큼의 부본과 함께 위원회에 제출한다. 위원회가 이 보충서면을 다시 처분청으로 보내면 처분청 역시 재반박할 수 있다. 이렇게 청구인과 처분청의 주장과 반박이 심리기일 전까지 제한 없이 진행될 수 있다. 물론 보충서면에도 증거서류를 첨부할 수 있다. 위원회가 접수하거나 처분청으로부터 전달받은 집행정지신청은 긴급을 요하는 사안이므로 심판청구 된 사건을 심리하기 전에 인용 여부를 우선 판단하여 당사자에게 통지한다.

③ 심판청구한 사건에 대한 검토가 마무리되어 위원회가 심판의 대상이 된 처분 등의 위법·부당 여부를 판단하는 심리기일이 정해지면 7일 전까지 이를 청구인에게 안내하므로 청구인은 보충할 주장이나 제출할 증거서류가 있다면 조속히 송부하여야 한다.

④ 위원회는 청구인과 처분청에 구술심리를 안내한다. 청구인 입장에서 문서로 사건의 내용을 주장하기에 한계가 있다고 생각하고 위원회에 직접 참석하여 진술하고자 하는 경우에는 구술심리 신청을 할 수 있다. 이 신청이 받아들여지면 회의에 직접 참석하여 진술할 수 있다. 하지만 구술심리 신청을 하더라도 위원회가 이미 제출된 자료만으로도 충분한 판단이 가능하다고 인정되는 경우에는 구술심리 없이 서면심리로 진행된다. 구술심리

신청은 심리기일 3일 전까지 하여야 한다.

⑤ 행정심판의 청구에 대하여 위원회가 심리기일에 행한 판단인 재결을 서류로 작성한 재결서를 청구인과 처분청에게 송달한다. 행정심판의 효력은 재결서가 송달되어야 발생한다.

3. 행정심판의 대상인 처분과 부작위란?

행정심판법 제1조에는 행정심판 절차를 통하여 행정청의 위법 또는 부당한 처분(處分)이나 부작위(不作爲)로 침해된 국민의 권리 또는 이익을 구제하고, 아울러 행정의 적정한 운영을 꾀함을 목적으로 한다고 규정하고 있고, 제3조제1항에서 행정청의 처분 또는 부작위에 대하여는 다른 법률에 특별한 규정이 있는 경우 외에는 이 법에 따라 행정심판을 청구할 수 있다고 하고 있으므로 행정심판의 대상은 처분과 부작위임을 알 수 있다.

그런데 행정청의 처분과 부작위가 아니어서 행정심판 대상이 되지 않음에도 청구하여 청구내용의 심리도 못 해보는 경우가 자주 있다. 그래서 행정청의 행위가 행정심판의 대상이 되는지 우선 따져보고 청구하여야 할 것이며, 대상이 되지 않는다면 앞서 언급한 일반민원, 고충민원, 청원 등의 제도를 고려해 볼 필요가 있다.

처분 : 권리의무에 영향을 미치는 행정청의 행위

"처분"이란 '행정청이 행하는 구체적 사실에 관한 법집행으로서의 공권력의 행사 또는 그 거부, 그 밖에 이에 준하는 행정작용을 말한다(법 제2조제1호).' 이 정의에서 보듯이 처분의 요소는 ① 행정청이 하는 행위, ② 구체적 사실에 관한 법집행으로서의 공권력의 행사 또는 그 거부, ③ 그 밖에 이에 준하는 행정작용이어야 한다. 판례에서는 처분을 행정청이 공법상의 행위로서 특정사항에 대하여 법규에 의한 권리의 설정 또는 의무의 부담을 명하며 기타 법률상의 효과를 발생하게 하는 등 국민의 권리의무에 직접 관계가 있는 행위(대법원 1992. 2. 11., 선고, 91누4126, 판결)로 보고 있다. 따라서 이에 해당하지 않는다면 행정심판의 대상이라 할 수 없다.

여기서 **"행정청"**이란 행정에 관한 의사를 결정하여 표시하는 국가 또는 지방자치단체의 기관, 그 밖에 법령 또는 자치법규에 따라 행정권한을 가지고 있거나 위탁을 받은 공공단체나 그 기관 또는 사인(私人)을 말하고(법 제2조제4호) 행정권한을 위임하거나 위탁한다는 것은 법령에 따라 권한을 부여받은 행정기관이 그 권한의 일부를 다른 행정기관, 지방자치단체, 민간 기관·단체 등에 맡기고, 이를 받은 수임자·수탁자가 그의 명의와 책임으로 그 권한을 행사하도록 하는 것이다.

권한의 **"위임"**이란 원(原) 권한자인 행정기관의 권한의 일부를 그 보조기관 또는 하급행정기관의 장이나 지방자치단체의 장 등 그의 지휘 계통에 속하는 하급기관에 맡기는 것이고 권한의 **"위탁"**이란 원 권한자로부터 독립되어 있는 다른 행정기관의 장에게 그 권한을 맡기는 것이며, 사무의 **"민간위탁"**이란 사무의 수탁자가 행정청이나 지방자치단체가 아닌 법인, 단체나 개인이 되는 경우, 즉 행정기관이 아닌 민간이 되는 경우이다.

권한이 위임되거나 위탁되면 수임자·수탁자의 명의로 그 책임하에 처리하며, 그 처리의 법적 효과도 우선은 수임자·수탁자에게 귀속된다는 점에서 수임자·수탁자에게 권한이 이관된다는 특징이 있다. 따라서 행정권한을 위임하거나 위탁하려면 반드시 법률에 위임·위탁의 근거를 두어야 한다. 즉, 법령에 따른 권한이 없거나 권한의 위임·위탁 근거가 없는 기관이나 단체가 한 사전통지나 처분 등의 행위는 하자가 있다고 할 수 있으며, 판례에서 보듯이 상대방의 권리를 제한하는 행위라 하더라도 행정청 또는 법적권한을 위임·위탁받은 기관의 행위가 아니라면 행정처분이라 할 수 없다.

판례 [대법원 2010. 11. 26., 자, 2010무137, 결정]

행정소송의 대상이 되는 행정처분은, 행정청 또는 그 소속기관이나 법령에 의하여 행정권한의 위임 또는 위탁을 받은 공공기관이 국민의 권리의무에 관계되는 사항에 관하여 공권력을 발동하여 행하는 공법상의 행위를 말하며, 그것이 상대방의 권리를 제한하는 행위라 하더라도 행정청 또는 그 소속기관이나 권한을 위임받은 공공기관의 행위가 아닌 한 이를 행정처분이라고 할 수 없다.

구체적 사실에 관한 법집행으로서 공권력의 행사라 하더라도 행정심판의 대상이 되기 위해서는 '국민의 권리의무에 직접 관계가 있는 행정청의 행위'이어야 한다. 진정·민원에 대한 통지 또는 회신은 행정청의 행위라 하더라도 행정심판의 대상이 될 수 없다. 진정·민원이란 진정·민원인이 행정기관에 대하여 처분 등 특정한 행위를 요구하는 것으로 이에 대한 행정청의 통지 또는 회신 등의 행위는 진정 · 민원인에게 권리의 설정 또는 의무의 부담이 되는 법률효력이 발생한다고 볼 수 없으므로 이는 행정심판의 대상이 아니라고 본다.

심판례를 보면 근로자가 행정청에 사용자의 임금체불 사실 등을 알려서 밀린 임금을 지급받을 수 있도록 행정청의 적의 처리를 요구하거나 희망사항을 진정한 사건에 대해 행정청이 한 행정행위(통지)는 진정인에게 어떠한 권리의무가 부여되거나 변동 또는 상실되는 효력이 발생한다고 볼 수 없으므로 이 사건 회신은 행정심판의 대상이 되는 처분으로 볼 수 없다는 취지로 재결(국민권익위원회 2020-10952 , 2020. 12. 1., 각하, 참조)하였다.

또 신청이란 신청인이 행정청에 대하여 특정한 사항에 대한 행위를 요구하는 것으로 신청에 대한 거부처분은 당사자의 권익을 제한하는 처분에 해당하지 않아 사전통지대상이나 행정심판 대상으로 볼 수 없다. 판례에서도 신청에 따른 처분이 이루어지지 아니한 경우에는 아직 당사자에게 권익이 부과되지 아니하였으므로 특별한 사정이 없는 한 신청에 대한 거부처분이라고 하더라도 직접 당사자의 권익을 제한하는 것은 아니어서 신청에 대한 거부처분을 여기에서 말하는 '당사자의 권익을 제한하는 처분'에 해당한다고 할 수 없는 것이어서 처분의 사전통지대상이 된다고 할 수 없다고 할 것이다(대법원 2003. 11. 28., 선고, 2003두674, 판결, 참조)고 판시하였다.

협약이나 계약 등 행정청이 당사자와 법률상 대등한 지위를 갖는 경우에 한 통지 역시 처분에 해당하지 않는다. 심판례를 살펴보면 행정청이 특정사업의 주관기관을 선정하는 것은 법령에 근거한 권력적 단독행위로서의 일

방적 행위인 처분이라기보다는 협약 등에 근거하여 지원대상자를 선별하게 되는 당사자 상호 간의 법적 지위의 대등성을 전제로 하고 있으므로 당사자가 통지를 통해 불합격하였다는 사정만으로 당사자의 법률적 지위에 직접적이고 구체적인 변동이 초래되는 것이 아니므로 이 통지는 행정심판의 대상이 되는 '처분'에 해당한다고 볼 수 없다(국민권익위원회 2020-09624 , 2020. 12. 1., 각하, 참조)는 취지로 재결하였다.

이상에서 보듯이 처분이 행정심판의 대상되기 위해서는 당사자의 권익에 영향을 미치는 권력적 행정행위이어야 하며, 행정청이 하는 행위라 하더라도 당사자와 대등한 지위에서 하는 공법상의 계약이나 행정청의 내부적 행위, 단순한 사실행위는 처분이라 할 수 없다. 또한 알선·권고·경고·통지·질의회신·민원회신 등도 당사자에게 직접적인 법률효과를 발생시키지 않으므로 처분성이 인정되지 않는다.

그렇다면 행정처분의 직접 상대방이 아닌 제3자가 행정심판을 청구할 자격이 있는지가 문제될 수 있다. 행정심판의 종류는 행정청의 위법 또는 부당한 처분을 취소하거나 변경하는 행정심판(취소심판), 행정청의 처분의 효력 유무 또는 존재 여부를 확인하는 행정심판(무효등확인심판), 당사자의 신청에 대한 행정청의 위법 또는 부당한 거부처분이나 부작위에 대하여 일정한 처분을 하도록 하는 행정심판(의무이행심판)(법 제5조)이 있으며, 이러한 행정심판을 청구할 수 있는 자는 '법률상 이익'이 있는지 여부이다(법 제13조). 즉 행정처분으로 인하여 법률상 보호되는 이익을 침해당한 경우 행정처분의 직접 상대방이 아닌 제3자도 포함하고 있다. 여기서 법률상 보호되는 이익이라 함은 당해 처분의 근거 법규 및 관련 법규에 의하여 보호되는 개별적 · 직접적 · 구체적 이익이 있는 경우를 말한다.

판례 [대법원 2015. 7. 9., 선고, 2015두39590, 판결]

행정처분의 직접 상대방이 아닌 제3자라 하더라도 해당 행정처분으로 법률상 보호되는 이익을 침해당한 경우에는 그 처분의 취소를 구하는 행정소송을 제기하여 그 당부의 판단을 받을 자격이 있다. 그리고 여기에서 말하는 법률상 보호되는 이익이라 함은 해당 처분의 근거 법규 및 관련 법규에 의하여 보호되는 개별적 · 직접적 · 구체적 이익을 말한다.

제3자가 행정심판을 청구할 자격이 있다는 사례를 보면, 면허나 인허가 등의 수익적 행정처분을 받아 영업을 하고 있는 기존의 업자가 같은 종류의 다른 업자에 대한 면허나 인허가 등의 수익적 행정처분의 취소를 구할 당사자적격이 있으며(대법원, 2015두53824, 2018. 4. 26. 판결, 참조), 공장 건축허가 처분으로 제3자가 자신의 환경상 이익을 침해받거나 침해받을 우려가 있고, 그 처분의 근거 법규 또는 관련 법규에 의하여 개별적 · 직접적 · 구체적으로 보호되는 이익, 즉 법률상 보호되는 이익임을 증명(대법원 2018. 7. 12., 선고, 2015두3485, 판결, 참조)한다면 행정심판위원회의 판단을 받을 수 있다.

거부처분 : 법적권리에 따른 신청을 거부한 처분

국민이 행정청에 일정한 행위를 요구하는 신청을 했으나 명시적으로 거부한 경우를 거부처분이라 하는데 이는 현재의 법률상태에 변동을 가하지 않는 소극적 공권력 행사를 말한다.

신청에 의한 거부처분이 행정심판의 대상이 되는지 여부가 중요하다. 신청에 대한 행정청의 거부처분이 행정심판의 대상이 되기 위해서는 행정청에 행정행위를 해 줄 것을 요구할 수 있는 법규상 또는 조리상의 권리가 있는 신청이어야 하고 이를 거부하는 처분을 하였을 때이다. 법적 권리가 없는 신청에 대해 행정청의 거부처분은 행정심판의 대상이 되는 처분이라 할 수 없다는 것이 법원의 태도이다.

판례 [대법원 1997. 9. 5., 선고, 96누1597, 판결]

국민으로부터 어떤 신청을 받은 행정청이 그 신청에 따르는 내용의 행위를 하여 그에 대한 만족을 주지 아니하고 형식적 요건의 불비를 들어 그 신청을 각하하거나 또는 이유가 없다고 하여 신청된 내용의 행위를 하지 않을 뜻을 표시하는 이른바 거부처분도 행정처분의 일종으로서 항고소송의 대상이 되는 것이나, 이 경우 그 거부행위가 행정처분이 된다고 하기 위하여는 국민이 행정청에 대하여 그 신청에 따른 행정행위를 하여 줄 것을 요구할 수 있는 법규상 또는 조리상의 권리가 있어야 하는 것이며, 이러한 근거 없이 한 국민의 신청을 행정청이 받아들이지 아니하고 거부한 경우에는 그 거부로 인하여 신청인의 권리나 법적 이익에 어떤 영향을 주는 바가 없어서 이를 항고소송의 대상이 되는 행정처분이라고 할 수 없다.

판례의 사례에서 보듯이 거부처분이 행정심판의 대상이 되는냐의 여부는 신청이 '법규상 또는 조리상 권리'에 근거 하였느냐가 중요한 기준이 된다. 이러한 신청에 의한 거부처분이 '신청인의 권리나 법적 이익에 어떤 영향'을 미치느냐에 따라 영향이 있을 경우 행정심판의 대상으로 보아야 할 것이다.

행정심판법에서도 처분의 정의에 '거부'를 포함하고 있으며, 처분은 행정심판의 대상이므로 거부처분도 행정심판 대상인 처분의 요건에 해당한다면 행정심판을 청구하여 행정청의 위법·부당 여부를 판단 받을 수 있다.

부작위 : 행정청의 처분의무 불이행

"부작위"란 '행정청이 당사자의 신청에 대하여 상당한 기간 내에 일정한 처분을 하여야 할 법률상 의무가 있는데도 처분을 하지 아니하는 것을 말한다'(법 제2조제2호).

행정심판의 대상이 되는 부작위는 첫째, 적법한 신청이 있어야 한다. 즉 당사자의 신청이 근거법률에 규정되어 있고 이에 따라 행하여졌다면 적법한 신청으로 보아야 한다. 그런데 법령상 당사자에게 신청권한이 명시되어 있지 않음에도 신청하였다면 행정심판 요건에 해당한다고 볼 수 없다. 둘째, 상당한 기간을 명시하고 있다. 법령이나 규칙에 따라 처리기간이 정하여져 있다면 논란의 여지가 덜 하겠지만 별도로 처리기간을 정하지 않았다면 신청의 개별적·구체적 내용에 따라 판단할 수밖에 없다. 이러한 경우 유사한 신청의 처리기간을 참고로 할 수 있을 것이다. 셋째, 법률상 의무가 있어야 한다. 행정심판의 대상인 부작위가 되기 위해서는 당사자의 신청에 대하여 행정청이 처분하여야 할 법률상 의무가 있어야 한다. 즉 당사자가 법령에 근거하여 신청하였다 하더라도 행정청이 처분하여야 할 의무가 있는 것은 아니거나 처분할 권한이 있어도 재량행위인 경우에는 행정심판의 대상인 부작위로 볼 수 없다. 넷째, 처분을 하지 않아야 한다. 처리기간이 명시되어 있거나 명시되어 있지 않은 경우라 하더라도 사회통념상 처리기간이 지났음에도 처분하지 않아야 한다.

판례 [대법원 2019. 1. 17., 선고, 2014두41114, 판결]

행정청이 당사자의 법규상 또는 조리상의 권리에 기한 신청에 대하여 상당한 기간 내에 그 신청을 인용하는 적극적 처분 또는 각하하거나 기각하는 등의 소극적 처분을 하여야 할 법률상의 응답의무가 있음에도 불구하고 이를 하지 아니하는 경우에 그 부작위가 위법하다는 것을 확인함으로써 행정청의 응답을 신속하게 하여 부작위 또는 무응답이라고 하는 소극적인 위법상태를 제거하는 것을 목적으로 하는 제도이다.

행정심판례 [국민권익위원회 1996-03045, 1997. 3. 28., 각하]

청구인이 피청구인에게 고소와 진정서를 여러 차례 제출하였는데도 조금도 시정되지 않고 있으므로 청구인을 불러 조사하여 주고 잘못이 인정되면 행정명령으로 시정하라는 이 건 심판청구는 개인의 희망사항으로서 단순한 민원에 불과하다 할 것이고, 피청구인이 이에 따라야 할 법령상 또는 조리상 의무가 없는 사항에 대하여 이행을 요구하는 것이므로 의무이행심판의 대상이 될 수 없는 부적법한 청구라 할 것이다.

02 행정심판의 **종류**와 **재결** 그리고 **효력**은

1. 행정심판에는 어떤 종류가 있나?

행정심판을 청구하고자 한다면 우선 어떤 종류의 행정심판을 청구할 것인지 결정하여야 한다. 행정청으로부터 위법·부당한 처분을 받았기 때문인지 아니면 행정청의 부작위로 권리가 침해되었는지를 고려하여 그에 부합하는 행정심판을 청구하여야 하기 때문이다.

행정심판 종류를 살펴보면 행정청의 위법 또는 부당한 처분을 취소하거나 변경하는 행정심판(취소심판), 행정청의 처분의 효력 유무 또는 존재 여부를 확인하는 행정심판(무효등확인심판), 당사자의 신청에 대한 행정청의 위법 또는 부당한 거부처분이나 부작위에 대하여 일정한 처분을 하도록 하는 행정심판(의무이행심판)이 있다(법 제5조).

취소심판 : 행정청의 위법·부당 여부를 다툼

행정심판 청구의 대부분은 취소심판 청구이다. 취소심판은 행정청의 처분이 위법·부당함을 주장하며 그 처분을 취소하거나 변경을 요청하는 행정심판으로, 판례는 위법한 행정처분의 취소를 구하는 심판은 위법한 처분에 의하여 발생한 위법상태를 배제하여 원상으로 회복시키고 그 처분으로 침해되거나 방해받은 권리와 이익을 보호·구제하고자 하는 심판(대법원 1996. 11. 29., 선고, 96누9768, 판결, 참조)으로 보고 있다. 이러한 취소심판은 심판청구 기간(법 제27조)이 정해져 있으며, 처분의 집행부정지원칙(법 제30조제1항)이 적용되고, 위원회는 사정재결(법 제44조)을 할 수 있는 특징이 있다.

취소심판은 심판청구 기간이 정해져있다. 행정심판은 처분이 있음을 알게 된 날부터 90일 이내에 청구하여야 하고, 처분이 있었던 날부터 180일이 지나면 청구하지 못하며, 행정청이 심판청구 기간을 규정된 기간(90일)보다 긴 기간으로 잘못 알린 경우 그 잘못 알린 기간에 심판청구가 있으면 그 행정심판은 규정된 기간(90일)에 청구된 것으로 보며, 행정청이 심판청구 기간을 알리지 아니한 경우에는 규정된 기간(180일)에 심판청구를 할 수 있다(법 제27조). 여기서 '처분이 있음을 알게 된 날'이란 통지 등의 방법으로 처분이 있었음을 현실적으로 알게 된 날을 의미하며, '처분이 있었던 날'은 처분의 요건을 갖추고 대외적으로 표시되어 당사자가 알 수 있는 상태를 의미한다.

'집행부정지원칙'은 행정청이 한 처분은 처분청이나 행정심판위원회 또는 법원이 취소하기 전까지는 그 효력 인정된다는 원칙이다. 행정심판법에서도 심판청구는 처분의 효력이나 그 집행 또는 절차의 속행(續行)에 영향을 주지 아니한다(법 제30조제1항)고 명시되어 있듯이 일단 행정처분명령이 떨

어지면 그 효력은 인정되고, 설령 행정심판을 청구하였다 하더라도 그 효력은 부인되지 않는다. 따라서 취소심판을 청구한 경우 행정처분의 효력으로 중대한 손해 발생이 우려된다면 이를 일시정지 시킬 수 있는 집행정지 신청을 별도로 하여야 한다.

무효등확인심판 : 처분의 효력이나 존재를 확인하는 다툼

무효등확인심판은 행정청의 처분의 효력 유무 또는 존재 여부를 확인하는 행정심판으로 처분이 무효이거나 부존재인 경우에는 당연히 처음부터 효력이 없지만 실제로는 유효하고 존재하는 것처럼 오인되어 처분대로 집행될 수 있는 우려가 있다. 즉 처분의 외형이 존재하므로 처분의 효력 유무나 존재 여부를 유권적으로 확정할 필요가 있기 때문에 무효등확인심판의 의의가 있다.

무효등확인심판의 특징으로는 취소심판에 있는 행정심판 청구기간 규정을 적용받지 않으므로 기간에 관계없이 청구할 수 있으며, 심판청구가 이유 있다면 공공복리에 크게 위배된다고 인정될 경우에도 인용재결을 해야 한다. 그리고 행정처분의 당연무효 판단기준은 처분의 하자가 법규의 중요한 부분을 위반한 중대한 것으로서 객관적으로 명백하여야 한다. 법령규정의 문언만으로는 처분 요건의 의미가 분명하지 않을 경우라 하더라도 합리적인 근거 없이 법원이나 헌법재판소의 사법적 판단과 어긋나게 처분하였다면 객관적으로 명백한 하자라 볼 수 있다. 하지만 법률관계나 사실관계에 대하여 그 법률의 규정을 적용할 수 없다는 법리가 명백히 밝혀지지 아니하여 그 해석에 다툼의 여지가 있는 때에는 행정관청이 이를 잘못 해석하여 행정처분을 하였더라도 이는 그 처분 요건사실을 오인한 것에 불과하여 그 하자가 명백하다고 할 수 없는 것이다(대법원 2014. 10. 30., 선고, 2012두25552, 판결). 따라서 처분의 위법·부당이 중대하고 명백하다면 당연무효라 볼 수 있으므로 무효등확인심판의 청구 핵심은 처분의 하자가 중대하고 명백하다는 점을 입증하는 것이라 하겠다. 이러한 처분의 무효사유 입증책임은 청구인에게 있다.

판례 [대법원 2010. 5. 13., 선고, 2009두3460, 판결]

행정처분이 당연무효라고 하기 위해서는 그 처분에 위법사유가 있다는 것만으로는 부족하고 그 하자가 법규의 중요한 부분을 위반한 중대한 것으로서 객관적으로 명백한 것이어야 하며, 행정처분의 당연무효를 주장하여 그 무효확인을 구하는 행정소송에 있어서는 원고에게 그 행정처분이 무효인 사유를 주장·입증할 책임이 있다.

판례 [대법원 2017. 12. 28., 선고, 2017두30122, 판결]

법령 규정의 문언만으로는 처분 요건의 의미가 분명하지 아니하여 그 해석에 다툼의 여지가 있었더라도 해당 법령 규정의 위헌 여부 및 그 범위, 그 법령이 정한 처분 요건의 구체적 의미 등에 관하여 법원이나 헌법재판소의 분명한 판단이 있고, 행정청이 그러한 판단내용에 따라 법령 규정을 해석·적용하는 데에 아무런 법률상 장애가 없는데도 합리적 근거 없이 사법적 판단과 어긋나게 행정처분을 하였다면 그 하자는 객관적으로 명백하다고 봄이 타당하다.

의무이행심판 : 행정청의 행위 이행을 다툼

의무이행심판은 당사자의 신청에 대한 행정청의 위법 또는 부당한 거부처분이나 부작위에 대하여 일정한 처분을 하도록 하는 행정심판으로, 행정청이 거부처분을 하였거나 처분을 하여야 할 법률상 의무가 있음에도 이를 하지 않고 방치할 경우 침해되는 권익의 구제수단으로 청구하는 심판의 종류이다. 의무이행심판의 특징으로는 청구기간의 제한을 받지 않으며 집행정지의 대상에 해당되지 않으나 사정재결은 가능하다.

여기서 고려해야 할 사항은 행정청의 '거부처분'에 대하여 어떤 종류의 심판을 청구할 것인가이다. 거부처분은 처분의 개념에 포함되기 때문에 취소심판을 청구할 수도 있고, 또 거부를 하였기 때문에 의무이행심판을 청구할 수 도 있다. 거부처분을 '취소심판'으로 제기하여 인용되었을 경우 그 효력이 상실되는 효과가 있고, '의무이행심판'으로 제기하여 인용되었을 경우에는 적극적인 행위, 즉 위원회의 재결에 따른 이행을 강제하는 효과가 있다. 그래서 거부처분에 대하여 취소심판과 의무이행심판을 동시에 제기하는 경우도 있는데 이때 취소심판을 청구할 경우 심판청구 기간을 적용받는다는 점을 유의하여야 한다.

2. 행정심판을 청구하면 행정심판위원회는 어떤 결정을 내리는가?

당사자가 행정청의 처분에 대한 구제절차로 위원회에 행정심판을 청구하면 위원회는 이 청구에 대해 어떠한 판단을 한다. 이를 **재결**이라 하는데 재결이란 행정심판의 청구에 대하여 행정심판위원회가 행하는 판단을 말한다(법 제2조제3호). 재결에는 심판청구가 적법하지 아니하면 그 심판청구를 **각하**(却下), 심판청구가 이유가 없다고 인정하면 그 심판청구를 **기각**(棄却)하며, 심판청구가 이유 있다고 인정하면 **인용**(認容)한다. 인용에는 행정심판 종류에 따라 위원회의 명령이 상이하다. '취소심판'의 청구가 이유가 있다고 인정하면 처분을 취소 또는 다른 처분으로 변경하거나 처분을 다른 처분으로 변경할 것을 피청구인에게 명하고, '무효등확인심판'의 청구가 이유가 있다고 인정하면 처분의 효력 유무 또는 처분의 존재 여부를 확인하며, '의무이행심판'의 청구가 이유가 있다고 인정하면 지체 없이 신청에 따른 처분을 하거나 처분을 할 것을 피청구인에게 명한다(법 제43조).

그런데 위원회가 각하, 기각, 인용의 재결을 하기 위해서는 심판청구가 적법한지 여부와 이유 있는지 여부, 그리고 청구한 내용에 대해 사실관계와 법률관계를 확인하기 위해 당사자나 관계인이 제출한 심판청구서, 보정서, 답변서 등의 서면이나 구술을 통한 주장과 반박을 검토하고 위원회 권한에 따라 보정을 요구하거나 증거를 조사하는 등의 절차를 거치는데 이를 **심리**라 한다. 심리는 통상 심판청구가 적법한지 여부를 검토하는 **요건심리**와 청구의 실체적 내용을 검토하는 **본안심리**로 구분한다. 요건심리에서 적법한 청구가 아니라고 판단되면 각하되어 마무리되고, 요건심리를 통과하면 본안심리를 하여 심판청구의 이유 인정 여부에 따라 기각 또는 인용재결을 한다.

각하 : 부적법한 심판청구

위원회는 심판청구서가 접수되면 우선 심판청구가 요건에 부합하는지 여부를 먼저 살핀다. 즉 요건심리를 하여 적법하지 않은 청구일 경우에 각하한다. 각하의 대표적인 사유를 몇 가지 살펴보면 우선 심판청구 대상이 아닌 사안을 청구한 경우이다. 이러한 경우가 각하재결의 가장 많은 유형이 아닌가 한다. 앞서 기술하였듯이 '행정청의 처분과 부작위'에 대하여 심판청구를 하여야 하나 행정청이 아닌 기관이 행한 행위나 대등한 위치에서의 계약, 행정청의 사실행위, 단순 민원회신 등 행정심판의 대상이 아닌 사유로 청구한 경우이다. 둘째로 대통령의 처분 또는 부작위에 대하여 한 심판청구이다. 행정심판법에 따르면 대통령의 처분 또는 부작위에 대하여는 다른 법률에서 행정심판을 청구할 수 있도록 정한 경우 외에는 행정심판을 청구할 수 없다(법 제3조제2항)고 정하고 있기 때문이다. 셋째로 청구인 적격 여부이다. 즉 위원회의 재결을 구할 법률상 이익이 있는 자가 제기하여야 하는데 이에 부합되는 적격을 갖추지 않았거나 아예 청구인이 될 수 없는 자가 제기한 심판청구이다. 넷째로 위원회의 보정요구에 대한 불응이다. 위원회는 심판청구가 적법하지 아니하나 보정(補正)할 수 있다고 인정하면 기간을 정하여 청구인에게 보정할 것을 요구한다(법 제32조제1항). 이 경우 서면으로 보정하고 제출하여야 하는데 청구인이 이를 이행하지 않은 경우이다. 다섯째로 심판청구 기간이 지난 다음에 한 심판청구이다. 이는 심판청구 기간이 정해진 취소심판청구에 해당하는 경우로 무효등확인심판이나 의무이행심판의 경우에는 기간이 따로 정해져 있지 않으므로 해당하지 않는다. 여섯째로 행정심판 재청구이다. 심판청구에 대한 재결이 있으면 그 재결 및 같은 처분 또는 부작위에 대하여 다시 행정심판을 청구할 수 없음(법 제51조)에도 다시 청구한 경우이다.

행정심판례 [국민권익위원회 2020-13362 , 2021. 1. 19., 각하]

민원은 행정청에 대하여 어떠한 요구를 진술하는 것으로서 이로 인하여 행정청으로 하여금 일정한 행위를 하도록 하는 법적 구속력이나 효과가 발생하는 것이 아닐 뿐만 아니라 행정청이 당사자의 신청을 거부하거나 상당한 기일 내에 일정한 행위를 하지 아니하더라도 당사자의 지위에 어떠한 변동을 가져오는 것도 아니라고 할 것인바, 이 사건 심판청구는 행정심판의 대상이 아닌 사항에 대하여 제기된 부적법한 청구이다.

행정심판례 [국민권익위원회 2020-01645 , 2021. 1. 5., 각하]

청구인은 이 사건 처분의 직접 상대방이 아닌 이상 이 사건 처분에 관하여 사실적·경제적 이해관계를 가지는 데 불과하여 스스로 이 사건 처분의 취소를 구할 직접적이고 구체적인 법률상 이익이 있다고 보기 어려우므로 이 사건 심판청구는 부적법하다.

기각 : 이유 없는 심판청구

위원회는 심판청구 사안을 본안심리 하여 이유가 없다고 인정하면 기각한다. 즉 행정청의 처분이나 부작위가 위법·부당하지 않다고 인정한 경우로 원래의 처분이 그대로 유지되게 하는 위원회의 판단이다.

행정심판례 [국민권익위원회 2019-25064 , 2021. 1. 26., 기각]

공익상 필요와 청구인의 신뢰보호와 일관성을 훼손하였다는 불이익을 비교·교량하였을 때, 청구인이 입게 되는 불이익보다 이를 취소해야 할 공익상의 요구가 결코 작다고 볼 수도 없는 점 등을 고려할 때 피청구인의 이 사건 처분은 위법·부당하다고 할 수 없다.

행정심판례 [국민권익위원회 2019-19335 , 2020. 12. 15., 기각]

청구인의 주장만으로 이 사건 처분이 위법·부당하다고 보기는 어려운 점, 이 사건 공동주택의 공동주택가격이 현저하게 불합리함을 입증할 다른 구체적이고 객관적인 입증자료가 확인되지 않는 점, 달리 피청구인 및 피청구인으로부터 이 사건 공동주택의 공동주택가격 조사·산정을 의뢰받은 한국부동산원에서 청구인의 이의신청을 불성실하게 처리하였거나 그 처리에 있어 관련 규정을 위반하였다고 인정할 만한 특별한 사정도 보이지 않는 점 등을 종합적으로 고려할 때, 피청구인의 이 사건 처분이 위법·부당하다고 할 수 없다.

인용 : 이유 있는 심판청구

위원회가 본안심리 결과 행정청의 처분이나 부작위가 위법·부당하다고 인정하여 청구의 취지를 수용하는 재결을 한다면 청구인 입장에서는 만족할 만한 성과를 얻었다고 할 수 있다. 인용 사례를 종합해보면, 처분은 근거가 되는 사실이나 근거법령 및 조문내용에 오인이나 하자가 있는 경우, 부작위는 법규 또는 조리에 근거한 신청에 대해 행위를 하여야 할 법률상 의무가 있음에도 이를 이행하지 않는 경우이다. 또한 처분이나 부작위가 법의 일반원칙인 평등의 원칙, 신뢰보호의 원칙, 자기구속의 원칙, 비례의 원칙, 신뢰보호의 원칙, 신의성실의 원칙, 권한남용금지 원칙, 부당결부금지의 원칙, 법률유보의 원칙 등을 넘어섰다고 위원회가 판단하는 경우로 이 원칙은 제5장에서 자세히 살펴보도록 하겠다.

3. 청구인 권익을 인정하는 행정심판위원회의 판단 종류는?

인용은 청구한 사건에 대해 행정심판위원회가 그 이유를 인정하고 청구인의 주장을 반영한 판단으로 행정심판의 종류인 취소심판, 무효등확인심판, 의무이행심판에 따라 재결의 취지도 달리 결정한다.

취소변경재결 : 처분을 취소 또는 변경

취소변경재결은 원처분을 취소 또는 변경하는 재결로 위원회가 청구취지 전부를 인정하는 경우 또는 일부만을 인정하는 경우를 말한다. 바꿔 말하면 처분의 전부를 취소하는 경우와 처분의 일부를 취소하는 경우인데 이를 구분하기 위해 인용과 일부인용이라 표현한다. 일부인용은 청구취지에 따라 여러 사안이 하나의 사건으로 처분된 경우 위원회가 이를 분리하여 일부 사안에 대해서만 인정하는 경우이거나 또는 당초 하나의 사건이라 하더라도 원처분을 감경하는 재결의 경우가 이에 해당한다.

행정심판례 [국민권익위원회 2019-24121, 2020. 12. 29., 인용]

[주문] 환경영향평가 부동의 협의의견 통보를 취소한다.

피청구인이 이러한 사정을 감안하여 법률상 규정된 보완기회를 한 차례 더 부여할 수 있음에도 불구하고 곧바로 이 사건 통보를 한 것은 이 사건 사업을 사실상 중단시키는 결과를 초래하게 되므로 청구인이 주장하는 공익과 환경보전이라는 공익 간의 형량을 적절히 행사하였다고 보기 어려운 점 등을 종합적으로 고려할 때, 보완평가서의 추가 보완을 요구하여 청구인에게 보완할 수 있는 기회를 주는 것이 가능함에도 이 사건 사업의 입지가 부적정하다는 전제하에 곧바로 부동의한 피청구인의 이 사건 통보는 합리성과 타당성이 있다고 보기 어려우므로 재량권의 행사를 그르친 부당한 처분이라 할 것이다.

행정심판례 [국민권익위원회 2020-14726 , 2021. 1. 5., 인용]

[주문] 7개월의 의사면허 자격정지처분을 취소한다.

피청구인이 이 사건 처분의 원인이 되는 행위에 대하여 시효를 고려하여 자격정지 기간을 재산정하여 청구인에게 부과하는 것은 별론으로 하고, 시효를 고려하지 않고 시효가 도과된 부분을 포함하여 이 사건 처분을 한 것은 위법·부당하다 할 것이다.

행정심판례 [국민권익위원회 2020-07669, 2020. 6. 23., 일부인용]

[주문] 제1종 보통운전면허 취소처분을 110일의 제1종 보통운전면허 정지처분으로 변경한다.

청구인이 운전면허 취소기준치 이상에 해당하는 술에 취한 상태에서 운전한 사실은 인정되나, 운전면허를 취득한 이래 16년 이상의 기간 동안 사고 없이 운전한 점, 음주운전으로 피해가 발생하지 않은 점, 이 사건 운전 동기, 운전면허와 직업·생계 관련성 등 제반 정상관계를 종합적으로 고려하여 일부인용 여부를 결정할 수 있다.

행정심판례 [국민권익위원회 2020-15138 , 2021. 1. 19., 일부인용]

[주문] 480만 원의 과징금 부과처분을 240만 원의 과징금 부과처분으로 변경한다.

비록 피청구인이 2개월의 영업정지처분을 2분의 1로 감경하고, 이에 갈음하여 과징금을 부과하는 이 사건 처분을 하였다고 하더라도 이는 청구인에게 지나치게 가혹하여 부당하다.

무효등확인재결 : 처분의 효력이나 존재 부정

처분의 효력이나 존재가 없는 경우에 해당하는 재결로 그 요건은 앞서 살펴보았듯이 처분하면서 절차상의 하자가 명백하거나 법적 근거 없이 행한 처분 등 처분에 존재하는 하자가 중대하고 명백하여야 한다. 또한 처분의 절차나 내용이 법의 일반원칙을 넘어서는 경우에도 무효사유로 인정될 수 있다.

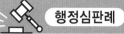

행정심판례 [국민권익위원회 2002-11518, 2003. 9. 8., 일부인용]

[주문]

1. 산업기능요원편입취소처분은 무효임을 확인한다.
2. 상근예비역선발처분은 무효임을 확인한다.

피청구인이 이 건 침익적 처분을 함에 있어서 처분의 상대방인 청구인에게 통지한 사실을 인정할 수 없다 할 것이므로 피청구인의 이 건 처분은 절차상 하자가 있는 위법한 처분으로서 그 하자가 중대 · 명백하여 무효라고 할 것이다. (중략) 이 건 선발처분 및 입영처분은 선행처분인 이 건 편입취소처분을 전제로 하는 후행처분인 바, 이 사건의 경우 선행처분인 이 건 편입취소처분은 앞에서 살펴본 바와 같이 그 하자가 중대 · 명백하여 무효라고 할 것이고, 그렇다면 무효인 이 건 편입취소처분을 전제로 하여 행한 이 건 선발처분 및 입영처분은 정당한 처분사유가 없는 처분이므로 각각 무효이거나 위법하다고 할 것이다.

행정심판례 [국민권익위원회 2003-01357, 2003. 4. 28., 인용]

[주문] 과징금부과처분은 무효임을 확인한다.

피청구인이 서비스개선명령의 일환으로 2002. 3. 18. 개인택시운송조합장 등에 대하여 발한 위 근절 지시는 법적 근거 없이 행하여진 무효인 지시이라 할 것이고, 더구나 이 건 처분이 있기 전에 본 재결청이 수 차례에 걸쳐 피청구인의 동종의 사건에 대하여 처분의 근거가 된 근절 지시가 무효인 지시이므로 해당 처분이 위법 · 부당하다고 재결(2001. 10. 15. 재결 국행심 01-8318, 2001. 11. 24. 재결 국행심 01-09391, 2002. 3. 4. 재결 국행심 01-10559, 2002. 12. 7. 재결 국행심 02-08166 등)한 바 있음을 고려할 때, 청구인이 위 근절 지시에 위반하여 불친절행위를 하였다는 이유로 행한 피청구인의 이 건 처분은 그 하자가 중대하고 명백한 것이어서 무효인 처분에 해당한다고 할 것이다.

의무이행재결 : 신청에 따라 이행

행정청의 거부처분이나 부작위에 대해 청구인의 청구에 따라 일정한 행위를 명령하는 재결이다. 거부처분의 경우 청구인이 취소심판을 제기할 수도 있고 의무이행심판을 제기할 수도 있다. 이러한 거부처분의 경우 청구인 입장에서는 하나의 심판청구를 제기하기보다는 동시에 제기하여 위원회의 판단을 모두 받아보는 것이 유리하다고 생각된다. 다만 거부처분의 사유로 취소심판을 제기할 경우 심판청구 기간을 준수하여야 하는 점을 유의해야 한다.

행정심판례 [국민권익위원회 2020-15505 , 2021. 1. 5., 일부인용]

[주문] 국적회복허가 신청에 대하여 국적회복허가 여부를 다시 결정하라.

이 사건 처분은 부당하고, 피청구인은 이 사건 재결의 취지에 맞게 다시 재량권을 행사하여 청구인에게 국적회복 허가 여부를 다시 결정할 의무가 있다.

행정심판례 [국민권익위원회 2020-13901, 2020. 9. 15., 인용]

[주문] 공개 청구한 정보를 공개하라.

이 사건 정보는 공개를 목적으로 작성되어 정보통신망 등을 통하여 공개된 정보가 아니며, 국민신문고 홈페이지를 이용하여 전자파일의 형태로 추출이 가능한 것이어서 청구인의 요구대로 전자파일 형태로 공개가 가능할 것이므로, 청구인이 전자파일 형태로 이 사건 정보공개를 청구한 것에 대해 청구인이 국민신문고 홈페이지에서 본인인증 후 확인할 수 있으므로 해당 정보의 소재(所在)를 안내한다는 이유로 공개를 거부한 이 사건 처분은 위법·부당하고, 피청구인은 청구인에게 이 사건 정보를 공개하여야 할 의무가 있다.

행정심판례 [국민권익위원회 2019-12052, 2020. 3. 3., 인용]

[주문] 전기사업법령에서 정하고 있는 전기사업 허가요건을 구체적으로 검토하여 청구인에게 재처분하라.

이 사건 신청지가 위 개발행위허가기준에 저촉된다는 이유로 한 피청구인의 이 사건 처분은 재량권을 일탈·남용한 위법·부당한 처분이라 할 것인바, 적어도 피청구인은 전기사업법령에서 정하고 있는 전기사업 허가요건을 구체적으로 검토하여 청구인에게 재처분할 의무가 있다.

행정심판례 [국민권익위원회 행심2014-29, 2014. 4. 28., 인용]

[주문] 건축허가 신청서 반려처분을 취소하고 건축허가 절차를 이행하라.

청구인이 교통성검토서를 통해 교통사고 등을 예방하기 위한 다양한 방안을 제시하고 있는 것으로 볼 때 피청구인의 이 사건 처분은 법령에 근거하지 않은 처분일 뿐만 아니라, 막연히 교통사고 등이 발생할 것이라는 추측에 의한 처분으로서 "중대한 공익상 이유"가 있다고 보기 어려우며, 이 사건 신청지 주변지역에 2016년 완공예정인 제2영동고속도로, 중앙선 복선전철화 사업이 이루어질 경우 심각한 교통체증이 발생할 것이라는 피청구인의 주장 또한 위와 같은 사정이 발생할 것이라고 예측된다면 피청구인으로서는 관계 법령에 따라 도시계획을 재수립하는 등의 조치를 취해야 하는 것이 타당함에도, 아무런 대책 없이 이에 따른 부담을 청구인에게 전가시키는 것은 청구인의 사익을 지나치게 침해하는 처분이라고 할 것이다.

사정재결 : 인용해야 하나 기각하면서 구제방법 조치

사정재결이란 위원회는 심판청구가 이유가 있다고 인정하는 경우에도 이를 인용(認容)하는 것이 공공복리에 크게 위배된다고 인정되면 그 심판청구를 기각하는 재결을 할 수 있으며, 이 경우 위원회는 재결의 주문(主文)에서 그 처분 또는 부작위가 위법하거나 부당하다는 것을 구체적으로 밝혀야 한다. 이러한 재결을 할 때에는 청구인에 대하여 상당한 구제방법을 취하거나 상당한 구제방법을 취할 것을 피청구인에게 명할 수 있으며, 무효등확인심판에는 적용하지 않는다(법 제44조). 사정재결은 행정처분이 위법·부당할 경우 청구를 인용해야 하지만 인용할 경우 공공복리에 크게 위배될 경우 극히 엄격한 요건 아래 제한적으로 하여야 한다는 것이 법원의 태도이다.

판례 [대법원 2018. 10. 12., 선고, 2016두46670, 판결]

행정처분이 위법한 때에는 이를 취소함이 원칙이고, 그 위법한 처분을 취소·변경하는 것이 도리어 현저히 공공의 복리에 적합하지 않은 경우에 극히 예외적으로 위법한 행정처분의 취소를 허용하지 않는다는 사정판결을 할 수 있으므로, 사정판결의 적용은 극히 엄격한 요건 아래 제한적으로 하여야 하며, 그 요건인 '현저히 공공복리에 적합하지 아니한가'의 여부를 판단할 때에는 위법·부당한 행정처분을 취소·변경하여야 할 필요와 그 취소·변경으로 인하여 발생할 수 있는 공공복리에 반하는 사태 등을 비교·교량하여 그 적용 여부를 판단하여야 한다.

조정제도 : 당사자 모두가 수용하도록 원처분 조정

사회가 전문화 · 다양화 되면서 법과 제도의 신설 등으로 행정의 역할도 갈수록 증대되고 있다. 이러한 상황에서 국민과 행정청의 갈등 또한 나날이 증가하고 있다. 행정청의 위법 · 부당한 처분이나 부작위에 대하여 국민이 구제수단으로 행정심판을 청구하여 받은 재결은 결과적으로 처분청이나 청구인 중 어느 일방만이 만족을 얻을 수밖에 없는 한계가 있다. 행정심판 조정제도는 당사자 모두가 수용할 수 있도록 원처분을 변경 · 조정하여 일방만족의 한계를 보완하고 갈등을 좀 더 신속하게 해결할 수 있다는 점에서 의미가 있다.

조정에 대한 관련 규정을 보면, 조정이 공공복리에 적합하지 아니하거나 해당 처분의 성질에 반하는 경우가 아니라면 위원회는 당사자의 권리 및 권한의 범위에서 당사자의 동의를 받아 심판청구의 신속하고 공정한 해결을 위하여 조정을 할 수 있다. 조정을 함에 있어서 심판청구된 사건의 법적 · 사실적 상태와 당사자 및 이해관계자의 이익 등 모든 사정을 참작하고, 조정할 경우 그 이유와 취지를 설명하여야 하며, 당사자가 합의한 사항을 조정서에 기재한 후 당사자가 서명 또는 날인하고 위원회가 이를 확인함으로써 성립한다. 또한 조정의 효력을 담보하기 위해 행정심판법에서 정한 재결의 송달과 효력 발생, 재결의 기속력, 위원회의 직접 처분과 간접강제, 행정심판 재청구의 금지 조항을 준용하도록 하였다(법 제43조의2).

물론 모든 행정심판 청구 사건에 대해 조정제도를 적용할 수는 없지만, 각종 인 · 허가 및 면허 · 자격 관련 처분, 영업정지나 과징금 · 부담금 · 강제이행금 부과 처분, 국가유공자등록거부 처분, 국가연구개발 참여제한처분,

입찰참가자격제한처분, 각종 지원금 환수 및 추가징수처분 등의 사건에 대해서는 조정제도를 활용해 볼 만하다. 행정심판법에 청구인이 위원회에 조정을 신청하는 절차는 별도로 규정되어 있지 않다. 하지만 청구인 입장에서 일방만 만족하는 재결을 받는 것보다 원처분의 조정이 유리하다고 판단되면 행정심판을 진행하면서 위원회에 조정을 요청해 볼 수 있다.

4. 행정심판위원회의 재결은 어떤 효력이 있나?

일단 재결의 효력은 위원회의 재결서가 청구인에게 송달되었을 때 생긴다(법 제48조제2항). 이 효력은 기속력, 형성력, 불가쟁력, 불가변력, 공정력 등을 일컫는다. 그런데 만족할 만한 결과를 받았는데 간혹 행정청이 그 결과에 따르지 않으면 어떻게 하나 하는 우려가 있을 수 있다. 그래서 행정심판법에는 행정청이 위원회의 인용재결에 따르도록 규정하고 있고, 그럼에도 이를 따르지 않을 경우 위원회가 직접처분 하거나 이행을 강제하는 조치를 취할 수 있도록 하여 재결의 실효성을 높이도록 했다.

우선 심판청구를 인용하는 재결은 피청구인과 그 밖의 관계 행정청을 기속(羈束)한다. 즉, 행정청은 위원회의 인용재결을 따라야 한다. 실행방법으로는 재결에 의하여 취소되거나 무효 또는 부존재로 확인되는 처분이 당사자의 신청을 거부하는 것을 내용으로 하는 경우 혹은 당사자의 신청에 따른 처분이 절차의 위법 또는 부당을 이유로 재결로써 취소된 경우 그 처분을 한 행정청은 재결의 취지에 따라 다시 이전의 신청에 대한 처분을 하여야 하며, 당사자의 신청을 거부하거나 부작위로 방치한 처분의 이행을 명하는 재결이 있으면 행정청은 지체 없이 이전의 신청에 대하여 재결의 취지에 따라 처분을 하여야 한다. 또 법령의 규정에 따라 공고하거나 고시한 처분이 재결로써 취소되거나 변경되면 처분을 한 행정청은 지체 없이 그 처분이 취소 또는 변경되었다는 것을 공고하거나 고시하여야 한다(법 제49조).

그런데 위원회가 의무이행심판청구에 대해 인용하는 재결을 하였음에도 행정청이 이를 이행하지 않을 경우 당사자가 신청하면 기간을 정하여 서면으로 시정을 명하고 그 기간에 이행하지 않으면 직접처분 할 수 있고, 위원회가 직접처분을 하였을 때 해당 행정청은 자기가 한 처분으로 보아 관계 법령에 따라 관리 · 감독 등 필요한 조치를 하여야 한다(법 제50조),

또한 청구인이 행정청에 신청한 사건에 대해 인용재결이 있는 경우 재결 취지에 따라 행정청이 다시 이전의 신청에 따라 처분하여야 함에도 불구하고 이러한 처분을 하지 않을 경우 위원회는 청구인의 신청에 의하여 결정으로 상당한 기간을 정하고 피청구인이 그 기간 내에 이행하지 아니하는 경우에는 그 지연기간에 따라 일정한 배상을 하도록 명하거나 즉시 배상을 할 것을 명할 수 있다(법 제50조의2 제1항).

위원회가 인용재결을 하였음에도 처분청이 의무를 이행하거나 다시 처분하는 등의 조치를 취하지 않을 경우 청구인은 행정심판법이 정한 바에 따라 '의무이행심판 인용재결 이행신청서'나 '간접강제 신청서'를 작성하여 위원회에 신청한다.

기속력 : 행정청은 따라야 한다.

행정심판법에 '기속한다'고 명시되어 있듯이 행정청은 인용재결의 취지에 따라 다시 처분해야 한다. 즉 행정청은 재결 취지를 이행할 의무가 있으며, 당초 처분과 동일한 내용의 처분을 다시 하지 못하게 되고, 다시 처분을 하더라도 재결 취지를 벗어난 처분을 하였을 경우는 기속행위를 한 것으로 볼 수 없어 위법한 처분이 된다.

형성력 : 재결로 효력이 발생한다.

취소심판의 청구를 인용하여 위원회가 직접 처분을 취소 또는 변경하거나, 의무이행심판 청구가 이유 있다고 인정하는 재결을 하는 경우 청구인은 행정청에 의한 별도의 처분을 기다릴 필요 없이 재결의 내용에 따라 행정법 관계에 직접적인 변동이 생기는 효력을 말한다. 이러한 처분의 효력은 처분 당시로 소급하여 적용된다.

불가변력 : 취소·변경하지 못한다.

재결은 당사자 간의 다툼을 해결하는 위원회의 판단으로 만일 재결에 하자가 있다 하더라도 이를 취소하거나 변경할 수 없다. 단지 재결서에 오기(誤記), 계산착오 또는 그 밖에 이와 비슷한 잘못이 있는 것이 명백한 경우에는 위원장이 직권으로 또는 당사자의 신청에 의하여 경정 결정을 할 수 있을 뿐이다. 재결은 위원회 자신을 구속하는 효력이 있어 이를 불가변력이라 한다.

불가쟁력 : 효력을 다툴 수 없다.

재결이 있으면 그 재결 및 같은 처분 또는 부작위에 대하여 다시 행정심판을 청구할 수 없다. 청구인이 위원회의 재결에 불복할 경우 행정소송은 제기할 수 있으나 이 경우 처분 등이 있음을 안 날부터 90일 이내에 제기하여야 하며, 처분 등이 있은 날부터 1년을 경과하면 이를 제기하지 못하게 규정(행정소송법 제20조)되어 있다. 즉 이 기간이 지나면 재결은 확정되고 당연 무효가 되지 않는 한 그 효력은 다툴 수 없다.

공정력 : 하자 있어도 유효하다.

재결은 행정처분의 일종으로 다른 행정행위와 같이 일단 재결이 이루어지면 하자가 있다 하더라도 권한 있는 기관이 그 하자를 확인하기 전까지는 유효한 것으로 추정되는 효력이다. 하지만 당연무효인 재결에 대하여는 공정력이 인정되지 않는다.

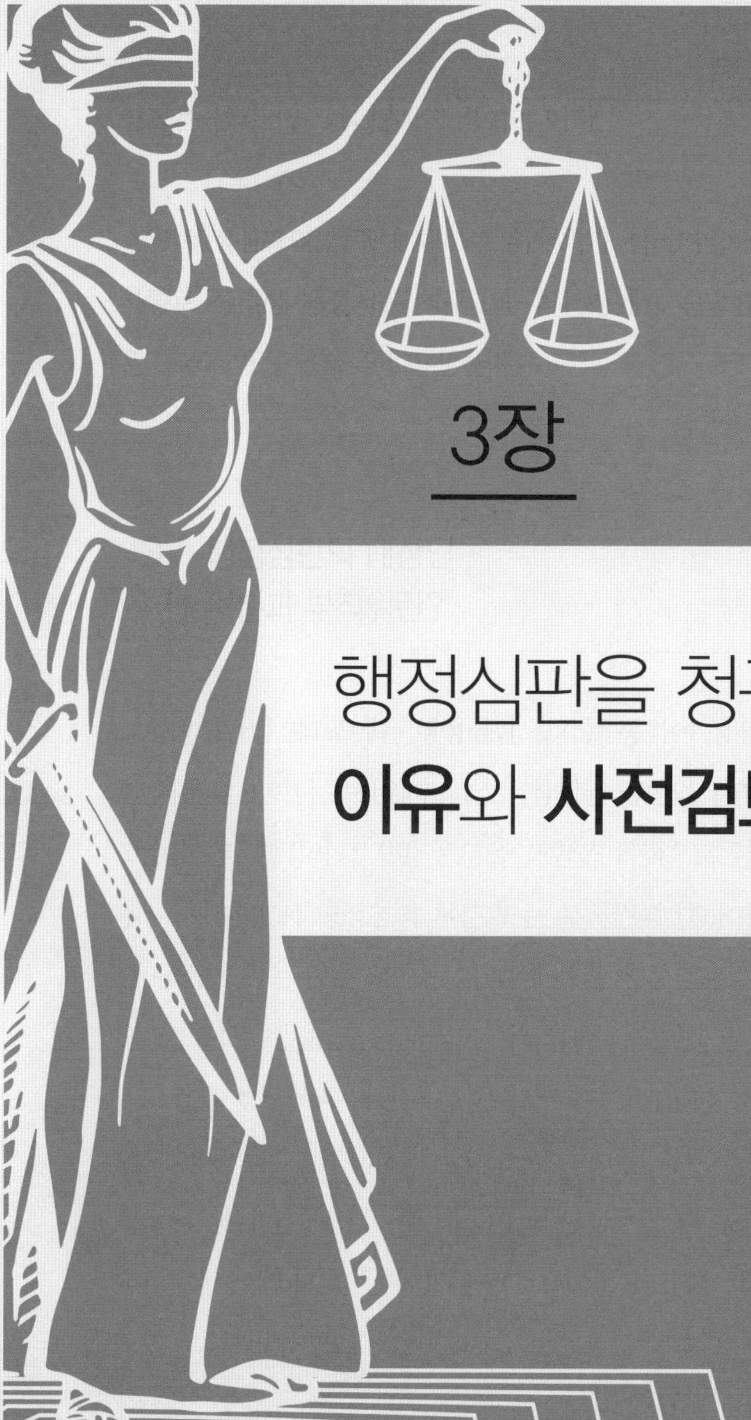

3장

행정심판을 청구해야 하는 **이유**와 **사전검토 사항**은

01 행정심판을 **청구해야 하는 이유**

1. 위반사실이 있어도 원처분보다 감경받을 수 있다

당사자 입장에서 아무리 생각해도 처분이 잘못되었거나 납득하기 어려운 사유로 처분을 받았다면 무턱대고 수용하기는 어려울 것이다. 다른 한편 당사자의 잘못이 있다 하더라도 어떤 사유로 어떤 법적 근거로 처분을 하였는지 인허가·면허 등의 취소나 정지, 과징금 등의 처분기준이 제대로 적용되었는지를 확인하지 않고 그냥 수용하는 경우도 있다. 행정심판을 청구하여 행정청의 잘못된 처분이 바로 잡힌다면 다행이지만 처분에 하자가 있음에도 이를 다투지 않으면 적법한 처분으로 확정된다. 당연무효인 처분의 경우 시간이 지나 쟁송절차를 통해 무효 확인을 받더라도 이미 발생한 피해의 실질적인 원상회복은 어려울 수 있다. 따라서 행정처분명령서를 받았다면 우선 처분의 원인이 되는 사실, 근거법령 및 조문내용, 행정처기준을 따져보고 처분에 하자가 없는지 살펴야 한다.

위원회의 인용재결을 살펴보면 처분의 변경을 다투어 반영되는 비율이 상대적으로 높다. 당사자의 위반행위나 근거법률에 다툼의 여지가 없다 하더라도 경우에 따라 처분이 변경되는 사례를 쉽게 찾을 수 있다. 즉 위반사실이 있어도 원처분보다 감경받을 여지가 있다는 뜻이다.

신고 받거나 직접조사 혹은 이첩된 사건에 대해 행정청은 처분의 원인이 되는 사실과 근거법령 및 조문내용을 확인하고 사전통지하여 의견청취 절차를 거친 후 행정처분을 한다. 행정처분을 하면서 관련 법령에 근거한 행정처분기준에 따라 처분을 명령하는데 이 행정처분기준은 일반기준과 개별기준으로 나뉘며, 개별기준에는 위반의 경중, 위반횟수에 따라 처분의 내용과 처분최고한도가 달라진다.

그런데 여기서 시행령이나 시행규칙에 있는 처분기준이나 과징금부과 기준이 적정하고 확정적인가 하는 문제를 살펴봐야 한다. 이 기준이 적정하고 확정적이라면 이에 따라 한 행정청의 처분에 대해 다툴 이유가 없을 것이다. 그런데 법원은 여러 요소를 종합적으로 고려하여 사안에 따라 처분의 내용을 정하여야 하므로 기간이나 금액은 확정적이 아니라 최고한도라고 하였고, 또한 제재적 행정처분은 처분사유로 된 위반행위의 내용과 당해 처분행위에 의하여 달성하려는 공익 목적 및 이에 따르는 제반 사정 등을 객관적으로 심리하여 공익 침해의 정도와 그 처분으로 인하여 개인이 입게 될 불이익을 비교 · 교량하여 판단하여야 한다고 판시하였다.

판례 [대법원 2006. 2. 9., 선고, 2005두11982, 판결]

업무정지처분 및 과징금부과의 기준은 법규명령이기는 하나 모법의 위임규정의 내용과 취지 및 헌법상의 과잉금지의 원칙과 평등의 원칙 등에 비추어 같은 유형의 위반행위라 하더라도 그 규모나 기간·사회적 비난 정도·위반행위로 인하여 다른 법률에 의하여 처벌받은 다른 사정·행위자의 개인적 사정 및 위반행위로 얻은 불법이익의 규모 등 여러 요소를 종합적으로 고려하여 사안에 따라 적정한 업무정지의 기간 및 과징금의 금액을 정하여야 할 것이므로 그 기간 내지 금액은 확정적인 것이 아니라 최고한도라고 할 것이다. 또한, 제재적 행정처분이 사회통념상 재량권의 범위를 일탈하였거나 남용하였는지 여부는 처분사유로 된 위반행위의 내용과 당해 처분행위에 의하여 달성하려는 공익 목적 및 이에 따르는 제반 사정 등을 객관적으로 심리하여 공익 침해의 정도와 그 처분으로 인하여 개인이 입게 될 불이익을 비교 교량하여 판단하여야 한다.

이렇게 볼 때 처분 받는 당사자 입장에서는 설령 행정청이 인허가·면허의 취소나 정지 또는 과징금 등 제재적 행정처분을 하면서 시행령이나 시행규칙에 있는 규정대로 처분하였다 하더라도 그 기간이나 금액이 확정적이지 않고 오히려 최고한도라는 판례가 있는 만큼 처분의 사유가 되는 위반사실이 있고 근거법령이 있어도 처분의 내용을 다툴 만한 충분한 이유는 있다 할 것이다. 즉 처분으로 인하여 청구인이 입게 될 불이익이 크다는 점을 충분히 소명했음에도 이를 반영하지 않고 최고한도의 처분을 하였다면 이를 받아들이기 쉽지 않다.

이제 좀 더 자세하게 들어가서 처분의 변경 여지가 있는지 살펴보도록 하

자. 제1장의 '사전통지서의 예정처분 법적 근거를 확인하려면?'에서 사례를 든 폐기물관리법 시행규칙, 행정처분기준의 개별기준에서 보듯이 폐기물보관장소 위반행위 시 1차는 영업정지 1개월, 2차는 영업정지 3개월, 3차는 영업정지 6개월, 4차는 허가취소 처분을 명령한다. 또 아래 표와 같이 식품위생법에 따르면 식품접객업(휴게음식점영업, 일반음식점영업, 단란주점영업, 유흥주점영업, 위탁급식영업, 제과점영업)자가 청소년을 위법하게 고용하거나 청소년에게 주류를 제공하는 등의 위반행위를 하였을 경우 1차 영업정지 2개월, 1차 영업정지 3개월, 3차 영업허가취소 또는 영업소 폐쇄 처분을 명령한다.

■ 식품위생법 시행규칙 [별표 23] 〈개정 2020. 12. 31.〉

행정처분 기준(제89조 관련)

Ⅱ. 개별기준

3. 식품접객업

영 제21조제8호의 식품접객업을 말한다.

위반사항	근거 법령	행정처분기준		
		1차 위반	2치 위반	3차 위반
11. 법 제44조제2항을 위반한 경우 라. 청소년에게 주류를 제공하는 행위(출입하여 주류를 제공한 경우 포함)를 한 경우	법 제75조	영업정지 2개월	영업정지 3개월	영업허가 취소 또는 영업소 폐쇄

문제는 행정청이 인허가·면허의 취소나 정지, 과징금부과 등의 행정처분을 하면서 행정처분 기준에 쓰여 있는 근거법령과 위반횟수에 따라 그대로 명령한다는 것이다. 다시말해서 행정처분 기준에 따라 폐기물보관장소 1차

위반 시 1개월의 영업정지나 청소년에게 주류제공 1차위반을 하였을 때 영업정지 2개월인 최고한도의 처분을 한다는 것이다.

여기서 다시 위반법령을 찾아보도록 하자. 폐기물관리법 위반에 따른 영업정지 1개월을 과징금처분으로 변경할 수 있는지 또는 영업정지 1개월은 감경할 수 있는지 여부이다. 우선 과징금으로 변경 가능한지를 보면, 폐기물관리법에 따르면 폐기물처리업자에게 영업의 정지를 명령하려는 때 그 영업의 정지가 ① 해당 영업의 정지로 인하여 그 영업의 이용자가 폐기물을 위탁처리하지 못하여 폐기물이 사업장 안에 적체(積滯)됨으로써 이용자의 사업활동에 막대한 지장을 줄 우려가 있는 경우, ② 해당 폐기물처리업자가 보관 중인 폐기물이나 그 영업의 이용자가 보관 중인 폐기물의 적체에 따른 환경오염으로 인하여 인근지역 주민의 건강에 위해가 발생되거나 발생될 우려가 있는 경우, ③ 천재지변이나 그 밖의 부득이한 사유로 해당 영업을 계속하도록 할 필요가 있다고 인정되는 경우에 해당한다고 인정되면 그 영업의 정지를 갈음하여 과징금으로 부과할 수 있다(폐기물관리법 제28조제1항)고 명시되어 있다. 또 과징금을 부과하는 위반행위의 종류와 정도에 따른 과징금의 금액, 그 밖에 필요한 사항은 대통령령으로 정하되, 그 금액의 2분의 1의 범위에서 가중(加重)하거나 감경(減輕)할 수 있다(폐기물관리법 제28조제2항)고 규정되어 있다. 즉 위반행위를 규정한 법령에서 정한 요건에 해당하면 영업정지처분을 과징금부과처분으로 변경가능할 수 있고, 과징금부과처분도 금액의 2분의 1의 범위에서 감경 가능하다.

그럼 영업정지 1개월을 감경할 수는 없는가. 폐기물관리법 시행규칙에 따르면 ① 위반의 정도가 경미하고 그로 인한 주변 환경오염이 없거나 미미하여 사람의 건강에 영향을 미치지 아니한 경우, ② 고의성이 없이 불가피하게 위반행위를 한 경우로서 신속히 적절한 사후조치를 취한 경우, ③ 위반행위에 대하여 행정처분을 하는 것이 지역주민의 건강과 생활환경에 심각한 피해를 줄 우려가 있는 경우, ④ 공익을 위하여 특별히 행정처분을 가볍게 할 필요가 있는 경우에는 영업정지기간의 2분의 1의 범위에서 그 행정처분을 가볍게 할 수 있다(폐기물관리법 시행규칙 제83조제2항)고 정하고 있다. 즉, 처분 받은 당사자가 폐기물관리법을 위반하였더라도 감경 사유를 고려하지 않고 최고한도로 처분하였다면 그 처분에 하자가 있다고 볼 수 있다.

식품위생법에 따라 청소년에게 주류를 제공하여 받은 영업정지 처분에 대하여도 살펴보자. 식품위생법에 따르면 영업정지 처분을 갈음하여 과징금을 부과할 수 있으나, 일부조항에 해당하는 중대한 사항의 경우는 제외하도록 규정되어 있어 청소년에게 주류를 제공한 행위는 중대한 사항에 해당하여 과징금 전환이 불가하다(식품위생법 제82조).

식품위생법 위반에 대해 감경 가능 여부를 살펴보면, 식품위생법 시행규칙 [별표 23], Ⅰ.일반기준에 처분의 가중 또는 감경기준을 정하고 있으며, 이 기준의 제15호에 위반사항 중 그 위반의 정도가 경미하거나 고의성이 없는 사소한 부주의로 인한 것인 경우나 해당 위반사항에 관하여 검사로부터 기소유예의 처분을 받거나 법원으로부터 선고유예의 판결을 받은 경우로서 그 위반사항이 고의성이 없거나 국민보건상 인체의 건강을 해할 우려가 없다고 인정되는 경우 등에 해당하면 정지처분 기간의 2분의 1 이하의 범위에서, 영업허가 취소 또는 영업장 폐쇄인 경우에는 영업정지 3개월 이상의 범위에서 각각 그 처분을 경감할 수 있다고 명시되어 있다.

특히 식품접객영업자가 청소년에게 주류 제공 행위를 했더라도 행정처분을 면제하는 규정을 놓치지 말아야 한다. 식품위생법에는 청소년의 신분증 위조·변조 또는 도용으로 식품접객영업자가 청소년인 사실을 알지 못하였거나 폭행 또는 협박으로 청소년임을 확인하지 못한 사정이 인정되어 불송치 또는 불기소를 받거나 선고유예 판결을 받은 경우에는 해당 행정처분을 면제할 수 있다(식품위생법 제75조, 시행령 제52조)는 규정을 고려한 처분인지 따져봐야 할 것이다.

이상의 사례에서 보듯이 행정청은 인허가·면허 등의 취소나 정지, 과징금 처분을 할 때 위반행위를 규정한 법령에 근거하여 행정처분기준에 따라 처분의 내용을 정한다. 이러한 처분기준과는 별도로 과징금으로 갈음하는 규정이나 감경 규정이 있는지, 어떠한 경우에 처분을 변경할 수 있는지, 이러한 기준이 반영되어 처분하였는지를 꼼꼼하게 검토하는 것이 중요하다. 만일 행정청이 처분하면서 이러한 규정을 무시하고 곧바로 처분하였다면 이는 재량권의 일탈·남용에 해당한다.

판례 [대법원 2020. 6. 25., 선고, 2019두52980, 판결]

행정청이 제재처분 양정을 하면서 공익과 사익의 형량을 전혀 하지 않았거나 이익형량의 고려대상에 마땅히 포함하여야 할 사항을 누락한 경우 또는 이익형량을 하였으나 정당성·객관성이 결여된 경우에는 제재처분은 재량권을 일탈·남용한 것이라고 보아야 한다. (중략) <u>행정청이 감경사유를 전혀 고려하지 않았거나 감경사유에 해당하지 않는다고 오인하여 개별처분기준에서 정한 상한으로 처분을 한 경우에는 마땅히 고려대상에 포함하여야 할 사항을 누락하였거나 고려대상에 관한 사실을 오인한 경우에 해당하여 재량권을 일탈·남용한 것</u>이라고 보아야 한다.

2. 같은 위반으로 인한 가중처벌을 예방할 수 있다

막상 행정심판 청구를 고려하고 있더라도 심판청구를 어떻게 하는지 어려워서, 법령의 내용을 잘 몰라서, 행정청이 어련히 알아서 적정하게 처분했을 것이라고 생각해서 또는 감당할 만한 처분이라 생각해서 처분을 그대로 수용하는 경우가 많이 있다고 생각한다. 이유를 불문하고 처분에 문제가 있다고 생각하면서도 불복절차를 거치지 않는 것은 아쉽고 안타까운 일이다. 일단 처분이 내려지면 유효하고 또 일정기간이 지나면 그 처분이 확정된다. 이러할 경우 그다음이 문제가 될 수 있다. 대부분의 행정처분기준은 위반횟수에 따라 처분의 내용이 가중된다. 처분 당시 권리·의무에 직접적인 영향을 미치지 않는 경고처분이라 하더라도 행정처분기준에 따른 경고처분이라면 향후 가중처분 받을 수도 있다. 즉 처분이 확정되면 이후 앞의 처분과 동일한 위반이 반복될 경우 처분의 내용이 가중되고 심지어는 영업이나 사업을 접어야 할 수도 있고 자격이 취소될 수도 있다. 따라서 장래에 발생할지도 모르는 리스크를 사전에 제거하기 위해서는 처분에 적극적으로 대응할 필요가 있다. 행정심판 청구로 취소재결 또는 무효등확인재결을 받는다면 당초의 처분은 없는 것이 되므로 향후 발생할지도 모르는 불이익을 예방할 수 있다.

3. 중대한 손해 예방을 위해 처분의 집행을 연기할 수 있다

행정심판을 청구하여 다투는 문제는 별론으로 하더라도 일단 처분을 이행하기에는 감당하기 어려운 상황에 처해있다면 처분의 집행을 연기하는 방법을 모색해봐야 한다. 그런데 행정처분명령서가 송달되면 효력이 발생하기 때문에 별도의 조치를 취하지 않고 처분을 이행하지 않는다면 더 큰 낭패를 볼 수 있다. 이러한 상황에 처해있다면 위원회에 집행정지를 신청해야 한다.

집행정지를 신청하기 위해서는 일단 심판청구를 하여야 한다. 심판청구를 한다는 것은 행정청의 처분에 문제가 있다고 판단하기 때문에 이를 다투고자 하는 의사표현이고 처분에 문제가 있음에도 처분이 집행되고 난 후에 심판청구가 인용된다면 청구인 입장에서는 중대한 손해가 발생함은 물론 이 손해를 회복하기도 어렵다. 따라서 이러한 손해를 예방하기 위한 제도가 집행정지이다. 판례(대법원 2007. 7. 13., 자, 2005무85, 결정)를 참고하여 보면 행정심판의 집행정지제도는 청구인이 본안 심리에서 인용재결을 받을 때까지 그 지위를 보호함과 동시에 후에 받을 인용재결을 무의미하게 하는 것을 방지하는 의미가 있다. 그런데 심판청구만으로 당연하게 처분의 집행이 연기되는 것은 아니기 때문에 별도로 집행정지신청을 하여야 한다. 집행정지가 받아들여진다면 용어 그대로 처분의 집행을 일시 정지하는 것이고 별다른 사유가 없다면 그 정지 기간은 청구한 행정심판을 위원회가 재결할 때까지이다.

4. 불이익이나 위험 방지를 위해 임시지위를 인정받을 수 있다

집행정지는 청구인에게 처분, 처분의 집행 또는 절차의 속행 때문에 중대한 손해가 생기는 것을 예방할 필요성이 긴급하다고 위원회가 인정할 때 내리는 결정이다. 그런데 집행정지로도 청구인의 피해를 예방할 수 없는 경우에는 어떻게 할 것인가? 권리구제의 길이 험난하고 또 위원회가 청구인의 손을 들어준다 하여도 이미 발생한 불이익을 회복하기가 매우 어려운 상황에 처할 수 있다. 예를 들면 1차·2차 시험으로 나누어져 있는 국가시험의 경우 1차시험에서 불합격한 사람이 1차시험이 위법·부당하다고 주장하며 심판청구를 하였을 때 1차시험 불합격 처리가 심각한 문제가 있음에도 심판절차가 마무리되기 이전에 2차시험이 도래한다면 1차시험에 불합격한 사람은 2차시험을 치를 수 없는 상황에 처하게 된다. 이러한 경우 일단 2차시험을 치룰 수 있게 하고 1차시험의 불합격처리에 대해 위법 여부를 판단할 필요가 있다. 즉 2차시험을 볼 수 있는 자격을 임시로 부여하는 임시적 구제제도가 임시처분이다.

임시처분제도를 보면, 위원회는 처분 또는 부작위가 위법·부당하다고 상당히 의심되는 경우로서 처분 또는 부작위 때문에 당사자가 받을 우려가 있는 중대한 불이익이나 당사자에게 생길 급박한 위험을 막기 위하여 임시지위를 정하여야 할 필요가 있는 경우에는 직권으로 또는 당사자의 신청에 의하여 임시처분을 결정할 수 있다(법 제31조제1항). 하지만 집행정지와 마찬가지로 공공복리에 중대한 영향을 미칠 우려가 있을 때나 집행정지로 목적을 달성할 수 있을 때에는 허용하지 않는다. 이 임시처분 신청은 심판청구와 동시 또는 별도로 할 수 있으며 청구인이 임시처분을 신청을 하려면 사건명, 신청인, 피신청인을 기입하고 신청취지, 신청원인, 소명방법을 '임시처분 신청서'에 작성하여 제출하면 된다. 다만, 심판청구서를 피청구인에게 제출한 경우로서 심판청구와 동시에 임시처분 신청을 할 때에는 심판청구서 사본과 접수증명서를 함께 제출하여야 한다(법 제31조 제2항, 제3항).

행정심판법에 규정되어 있는 바와 같이 임시처분의 요건은 ① 처분 또는 부작위가 위법 · 부당하다고 상당히 의심되고, ② 처분 또는 부작위 때문에 당사자에게 중대한 불이익이나 급박한 위험이 생길 우려가 있어야 하며, ③ 이러한 우려를 막기 위한 임시 지위를 정할 필요가 있어야 한다. ④ 더불어 임시처분이 공공복리에 중대한 영향을 미칠 우려가 없어야 한다.

5. 기타 행정심판 청구인에게 유리한 점

처분에 불복한다면 일정 기간 내에 행정심판이나 행정소송을 제기하여야 한다. 그렇다면 어떠한 쟁송절차를 거쳐야 할지 고민하지 않을 수 없다. 여기서는 처분 받은 당사자 입장에서 행정심판의 유리한 점을 살펴보겠다.

우선 행정심판은 간편하고 신속한 절차이다. 청구인이 심판청구서를 제출하고 위원회나 행정청에 접수되는 것만으로 절차는 시작된다. 위원회는 심판청구서를 받은 날부터 60일 이내에 재결하여야 하고 부득이한 사정이 있는 경우에 30일을 연장할 수 있도록 정하고 있다(법 제45조). 위원회의 결정이 지연되더라도 90일 이내에는 마무리 되므로 장기간 불안한 상태가 지속될 우려가 없다.

둘째, 비용면에서도 유리하다. 행정소송은 홀로 진행하기가 어려우므로 전문 법률대리인에게 의뢰하는 경우가 많아 대리인 비용을 감안하지 않을 수 없다. 그 외에도 법원에 비용을 지급해야 하는 반면, 행정심판은 간편한 절차로 홀로 진행할 수 있으며 행정심판위원회에 지급해야 하는 비용이 없다.

셋째, 당부당에 대해서도 판단 받을 수 있다. 행정소송은 처분의 적법 여부만을 따진다면 행정심판은 처분의 적법 여부뿐만 아니라 당부당에 대해서도 심사받을 수 있어 권리구제 가능성이 더 높다. 이런 이유로 행정심판은 분리할 수 없는 하나의 사건에 대해서도 처분을 변경하는 것이 가능하다.

판례 [대법원 2020. 5. 14., 선고, 2020두31323, 판결]

처분을 할 것인지 여부와 처분의 정도에 관하여 재량이 인정되는 금전 부과처분이 재량권을 일탈·남용한 것인 경우 법원으로서는 재량권의 일탈·남용 여부만 판단할 수 있을 뿐이지 재량권의 범위 내에서 어느 정도가 적정한 것인지에 관하여는 판단할 수 없으므로 전부를 취소하여야 하고, 법원이 적정하다고 인정되는 부분을 초과한 부분만 취소할 수는 없다.

넷째, 의무이행심판 청구가 가능하다. 의무이행심판은 취소심판과 달리 심판청구 기간에 제한이 없으며, 위원회는 법원과는 다르게 행정기관의 성격을 갖고 있어 부작위한 행정청에 직접 처분할 수도 있고, 이행하도록 간접강제 권한도 갖고 있다.

다섯째, 행정심판과는 별도로 행정소송도 진행할 수 있다. 행정심판과 행정소송이 일련의 과정이 아니기 때문에 심판청구를 하였더라도 행정소송을 제기할 수 있다. 행정심판의 재결에도 불만이 있다면 취소소송의 경우 제소기간 내에 행정소송을 제기할 수 있다. 따라서 행정소송을 제기하기 전에 행정심판을 통해 간편하고 신속하게 구제받을 수 있다면 마다할 이유가 없다.

02 행정심판 청구서 작성 전에 **검토해야 할 사항은**

1. 처분내용을 정확하게 파악하고 대응하자

행정청은 법령에서 정한 절차에 따라 위법한 사실을 확인하고 근거법령에 맞춰 행정처분 명령을 내린다. 그런데 간혹 본인이 하지 않았거나 잘못한 것도 없는데 행정처분명령서가 날아왔다며 호소하는 경우가 있다. 행정처분은 법령상 책임이 있느냐 여부를 보고 처분하는 것이므로 처분 받은 당사자의 고의나 과실이 없더라도 처분할 수 있다. 그런데 본인뿐 아니라 관계자 모두가 법령준수를 위해 상당한 주의를 기울였음에도 사건이 발생한 경우 의무위반을 탓할 수 없는 정당한 사유가 있다면 행정청의 처분은 적법·타당하다고 볼 수 없다. 하지만 이러한 경우를 입증하지 못한다면 본인이 위반하지 않았다 하더라도 처분을 피하기는 어렵다. 처분명령서를 받은 후에는 어떻게 해야 할까? 행정처분 사전통지서에 기재된 처분의 사실, 내용, 이유와 비교하여 변경이 있는지 여부를 확인하고 변경되었다면 그 내용을 확인해야 한다.

판례 [대법원 2021. 2. 25., 선고, 2020두51587, 판결]

행정법규 위반에 대한 제재처분은 행정 목적의 달성을 위하여 행정법규 위반이라는 객관적 사실에 착안하여 가하는 제재이므로, 반드시 현실적인 행위자가 아니라도 법령상 책임자로 규정된 자에게 부과되고, 특별한 사정이 없는 한 위반자에게 고의나 과실이 없더라도 부과할 수 있다. (중략) 상당한 주의를 기울였음에도 구인자의 악의적인 기망과 허위자료 제출로 구인자가 제출한 정보가 객관적으로 허위임을 파악하여 구인광고를 게재하지 아니할 것을 기대하기 어렵다고 인정할 만한 특별한 사정이 있어 직업정보제공사업자의 의무위반을 탓할 수 없는 정당한 사유가 있는 경우에는 직업정보제공사업자에 대하여 제재처분을 할 수 없다. 여기에서 '의무위반을 탓할 수 없는 정당한 사유'가 있는지를 판단할 때에는 직업정보제공사업자 본인이나 그 대표자의 주관적인 인식을 기준으로 하는 것이 아니라, 그의 가족, 대리인, 피용인 등과 같이 본인에게 책임을 객관적으로 귀속시킬 수 있는 관계자 모두를 기준으로 판단하여야 한다.

2. 주장하려는 내용과 증거자료는 이렇게 준비하자

이제 본격적으로 심판청구를 준비하는 단계이다. 심판청구서 작성 전에 주장하는 내용과 이를 뒷받침할 수 있는 증거자료가 잘 준비되어 있다면 행정심판에서 만족할 만한 결과를 얻을 수 있다.

우리는 이 책 제1장에서 행정청이 처분을 하면서 법적절차를 제대로 이행하지 않은 경우 그 하자가 중대하고 명백하다는 판례도 확인하였고, '행정처분 사전통지서를 받으면 해야 할 일'에서 처분의 원인이 되는 사실과 처분하고자 하는 내용 그리고 법적 근거 및 조문내용을 꼼꼼하게 살펴서 소명내용을 준비해야 한다고 서술한 바 있다.

처분명령서를 수령하였을 때 처분에 하자가 없는지 우선 살펴야 한다. 의견제출의 기회는 보장되었는지, 청문을 하여야 함에도 생략하지는 않았는지, 처분고지는 법적 절차와 요건에 따라 통지하였는지 등이다. 송달의 경우도 마찬가지이다. 누가 보더라도 당사자에게 도달하였음을 알 수 있는 방식의 송달이 아니라 단지 형식적 절차로 송달하였다면 이는 효력발생에 영향을 미친다. 사전통지서이든 처분명령서이든 송달은 다른 법령 등에 특별한 규정이 있는 경우를 제외하고는 해당 문서가 송달받을 자에게 도달됨으로써 그 효력이 발생(행정절차법 제15조 제1항)하는데 행정청이 처분하면서 객관적으로 도달하였음을 알 수 있는 방식으로 송달하지 않고 처분하였다면 그 하자는 중대하고 명백하다고 본다. 위원회는 운전면허취소 처분을 한 사건에서 송달의 하자를 지적하며 처분을 취소한 사례도 있다.

행정심판례 [국민권익위원회 2019-23480, 2020. 5. 12., 인용]

처분의 효력발생요건의 충족에 관하여는 처분청에 입증책임이 있다고 할 것인바, 위 인정사실에 따르면 피청구인이 이 사건 처분 결정통지서를 등기우편으로 송달하였음을 입증할 수 있는 자료가 확인되지 않아, 이 사건 처분 결정통지서가 청구인에게 서면으로 통지되어 효력을 발생하였다고 볼 수 없으므로, 피청구인의 이 사건 처분은 효력이 발생하지 않은 무효인 처분이다.

또 행정청이 처분의 원인이 되는 사실을 잘못 판단하였는지, 법적 근거 및 조문내용을 적법하게 적용하였는지를 따져보아야 한다. 행정청이 처분원인사실을 제대로 확인하지 못한 것으로 판단되면 청구인은 행정청의 주장을 뒤집을 만한 증거로 진실을 입증하여야 한다. 앞선 사례와 같이 청소년에게 주류를 제공한 사실로 처분을 받은 경우라도 성년자들만이 술을 마시다가 나중에 청소년이 들어왔거나, 청소년의 신분증 위조·변조 또는 도용으로 본인과 관계인이 청소년인 사실을 알지 못하였거나, 폭행 또는 협박으로 청소년임을 확인하지 못한 경우에는 처분을 면할 수 있다. 또 '청소년을 남녀 혼숙하게 하는 영업행위'를 하였다는 사유로 처분 받은 사건에서 법원은 공중위생영업자가 남녀 투숙객이 청소년이라는 점을 예견하거나 결과발생을 회피하기 어렵다고 인정할 만한 특별한 사정이 있어 공중위생영업자의 의무 위반을 탓할 수 없는 정당한 사유가 있는 경우에는 시장·군수·구청장은 공중위생영업자에 대하여 제재처분을 할 수 없다(대법원 2020. 7. 9., 선고, 2020두36472, 판결)고 판시하였다. 보관 외 장소에 폐기물을 보관하여 행정처분을 받은 폐기물처리업자의 경우도 폐기물을 보관 외 장소에 보관할 수밖에 없었던 사유를 소명하여야 한다. 즉 의무위반을 탓할 수 없는 정당한 사유를 주장하고 그 사유를 입증할 만한 증거자료를 준비하여야 한다.

그리고 처분명령서에 기재된 법적 근거 및 조문내용에서 법률상 문제가 있는지 확인해야 한다. 법령에 근거하지 않은 행정규칙으로 처분하는 경우가 있는데 이러한 처분이 효력은 있는지 위법한 처분은 아닌지를 따져야 한다. 왜냐하면 '행정규칙'은 상위법령의 구체적 위임이 있지 않는 한 행정조직 내부에서만 효력을 가질 뿐 대외적으로 국민이나 법원을 구속하는 효력이 없고, 이러한 행정규칙의 상위법령에 반하는 것이라면 법치국가원리에서 파생되는 법질서의 통일성과 모순금지 원칙에 따라 그것은 법질서상 당연무효이고, 행정내부적 효력도 인정될 수 없다(대법원 2020. 11. 26., 선고, 2020두42262, 판결)고 보기 때문이다.

처분의 절차, 처분의 원인이 되는 사실이나 근거법령 및 조문내용과 관련하여 다툴 사실이 없다면 그다음으로 처분이 변경될 여지는 없는지 검토하여야 한다. 위원회가 재결로서 영업정지를 과징금으로 전환하거나, 영업정지나 과징금처분을 감경하는 등으로 처분을 변경할 수 있기 때문이다. 법령에 처분전환의 규정이 있다면 그 법적요건에 부합되는 사실을 주장하여야 할 것이며, 그러한 규정이 없다 하더라도 위반행위를 하게 된 동기를 참작할 사정이 있는 점, 위반행위의 내용이 경미하다는 점, 위반한 사건을 즉시 시정조치 한 점 등을 강조할 필요가 있다. 우리는 이미 취소변경재결을 다루면서 일부인용된 재결을 살펴본 바 있다. 사례를 더 보면 건설산업기본법에 정한 자본금이 등록기준에 미달하여 행정처분 받은 사건에 대해 위원회는 처분 근거법령 개정·시행하면서 충분한 홍보가 이루어졌다고 할 수 없는 점, 이 사건 업체의 자본금 등록기준 미달기간이 단기간으로 길지 않은 점, 이 사건 처분으로 인해 청구인이 영업상 어려움에 직면하게 되는 점 등을 감안하면, 이 사건 처분으로 달성하고자 하는 공익에 비해 청구인이 입는 피해가 다소 가혹하다 할 것이다(국민권익위원회 행심 2013-523, 2014. 1. 27., 인용)고 하여 원처분을 감경하는 취소변경재결을 하였다.

이상의 주장을 하기 위해서는 입증할 수 있는 증거자료를 확보해야 한다. 행정청이 처분이 있기 전 의견제출 등과 같이 소명기회를 주지 않았다거나 당연히 하여야 할 중요내용의 고지를 하지 않은 등의 법령규정을 행정청이 이행하지 않고 처분하였다는 점을 주장할 경우 이를 이행하였다는 입증은 행정청이 해야 하기 때문에 청구인은 주장만으로도 다툴 수 있다. 하지만 처분의 원인이 되는 사실을 반박하기 위해서는 입증자료를 준비해야 한다. 예를 들면 관계자나 주변인의 증언 또는 사실확인서, 현장사진이나 CCTV 자료, 사전에 행정청과 주고받은 문서나 이메일 등 주장을 뒷받침할 수 있는 자료가 있다면 무엇이라도 확보하여야 한다. 그런데 입증할 자료가 본인에게는 없고 행정청이 보유하고 있다면 정보공개청구를 통해 자료를 확보할 수 있다. 그리고 처분의 근거법령 및 조문내용에 대해서는 위반사실에 해당하는 법령을 적용하였는지, 행정청의 내부규정인 행정규칙에 근거하여 처분하였다면 이 규칙이 법령의 위임범위를 넘어서지 않았는지, 부작위의 경우 신청에 대하여 이행하여야 할 의무가 법령에 규정되어 있는지, 유사 사건에 대한 판례나 행정심판례에서 유리한 사례가 있는지 등을 조사하여야 한다. 또한 위반경위가 사소한 과실이나 착오에 의해 기인하였거나, 위반내용이 경미하거나, 처분으로 입게 될 불이익이 가혹하거나, 위반 전 관련 법령을 성실하게 준수하였거나, 성실하게 사회생활을 해왔거나 등 위원회가 판단하는 데 유리하게 참작할 만한 개별적인 사정이 있다면 이러한 주장을 적극적으로 해야 한다.

3. 처분청의 답변을 예상하면 더 유리하게 작성할 수 있다

행정심판 절차를 다시 상기해 보면 청구인은 심판청구서에 증거서류를 첨부하고 원본과 함께 피청구인의 수만큼의 부본을 처분청이나 소관 위원회에 제출한다. 위원회가 접수하고 난 후 부본을 처분청으로 보내고 처분청은 답변서를 작성하여 위원회에 제출한다. 처분청이 먼저 접수하게 되면 심판청구서와 답변서를 10일 이내에 위원회로 보내야 한다. 처분청이 청구인에 제출한 심판청구서와 첨부된 증거서류를 검토하여 처분청이 내린 처분이 적법·타당하였다는 내용의 답변서를 위원회에 보내고 위원회는 이 답변서를 다시 청구인에게 송달한다. 청구인은 수령한 답변서에 대해 새로운 사실이나 법령, 판례 등을 확인하여 처분청의 주장을 반박하는 보충서면을 제출할 수 있다. 재결이 있기 전까지 청구인과 처분청은 수차례에 걸쳐 자신의 주장과 논거를 주고받을 수 있다. 답변서는 처분청이 심판청구서를 수령한 다음에 그 내용을 검토한 후 작성하는 것이 시간 순서이지만 청구인이 심판청구서를 작성할 때 답변서를 미리 예측한다면 좀 더 유리하고 객관적인 주장의 내용을 담을 수 있을 것이다.

그럼 처분청은 답변서에서 어떤 주장을 할까? 행정심판법에 따르면 답변서에는 처분이나 부작위의 근거와 이유, 심판청구의 취지와 이유에 대응하는 답변을 명확하게 적도록 하고 있으며, 별도로 정해진 양식이 따로 없어 처분청마다 일부 다를 수는 있으나 대체로 다음 [그림]과 같은 양식으로 답변서를 작성한다.

답 변 서

사건번호 :
사 건 명 :
청 구 인 :
피청구인 :
청 구 일 :

위 사건에 대하여 피청구인은 다음과 같이 답변합니다.

청구취지에 대한 답변

-------------------------- 라는 재결을 구합니다.

청구원인에 대한 답변

1. 사건개요
2. 해결방안(합의 등)
3. 청구인 주장에 대한 피청구인의 주장
   가. 관련 법령
   나. 처분 경위
   다. 주장(본안 전 항변, 본안에 대한 답변)
4. 결론

입증방법

1. 을 제1호증
2. 을 제2호증

○○○○년 ○○월 ○○일

피 청 구 인 : ○○장관
심판수행자 :
연 락 처 :

○○○○행정심판위원회 귀중

답변서의 주요내용은 심판청구에 문제가 있으므로 각하를 요청하거나 처분이 적법 · 타당하므로 심판청구에 대해 기각을 요청한다. 청구인은 인용을 목표로 하고 처분청은 각하나 기각을 목표로 양 당사자 간 대등한 입장에서 본격적인 공격과 방어가 진행되는 것이다.

우선 처분청은 청구인의 심판청구가 요건에 부적법하므로 각하를 주장한다. 위원회의 요건심리 단계에서 처분청의 주장이 수용된다면 본안심리는 할 필요도 없이 청구사건이 마무리된다. 행정소송을 제기하는 것은 차후의 문제이고 '각하'는 처분의 위법 · 부당을 다투지도 못하고 종결되는 것이다. 물론 '각하' 역시 위원회의 재결 · 송달 · 도달의 과정을 거쳐 효력이 발생하기 때문에 재결이 있기 전까지는 공격과 방어의 서면을 주고받는 과정을 거친다. 청구인 입장에서는 각하재결이 있기 전까지 많은 노력과 고생에도 불구하고 본안에 대한 판단을 받아보지 못한다면 허망하기 그지없을 것이다. 따라서 처분청이 주장할 수 있는 '청구요건의 부적합'을 살펴보고 이를 청구 전에 검토하여 '각하'되는 일이 없도록 해야 한다.

처분청은 답변서의 본안 전 항변에서 심판청구의 부적법성을 강조한다. 주 내용은 ① 취소심판의 경우 제기기간 도과, ② 부작위에 대한 심판청구의 경우 그 전제가 되는 신청의 부재, ③ 행정심판 대상이 되는 처분 또는 부작위에 해당하지 않음, ④ 다른 법률에 의한 특별한 심판절차가 있음, ⑤ 청구인이 당사자 능력이 없음, ⑥ 위원회의 재결을 구할 법률상 이익이 있는 자가 아님, ⑦ 재심판청구에 해당 함 등을 주장하며 각하를 요청한다.

앞서 살펴보지 못한 '다른 법률에 의한 특별한 심판절차'가 있거나 '청구인의 당사자 능력' 그리고 '재심판청구'에 대해 알아보자. 행정심판은 행정심판법에 따른 행정심판과 별도의 법률에 규정된 특별행정심판(법 제4조)이 있다. 특별한 심판절차는 행정청의 처분 또는 부작위에 대하여는 다른 법률에 특별한 규정이 있는 경우 외에는 이 법에 따라 행정심판을 청구할 수 있다(법 제3조제1항)는 규정에 따라 전문성과 특수성을 고려해야 하는 행정처분에 대해 '다른 법률에 특별한 규정'을 둔 경우로 조세, 소청, 노동, 특허, 산업재해, 건강보험 · 고용보험 등이 있다. 별도로 정한 법령에 해당하는 사건의 심판청구는 특별행정심판기관에 제기해야 하는데, 이러한 사건을 행정심판법에 따른 행정심판위원회에 청구한 경우 위원회는 각하재결 한 바도 있다.

행정심판례 **[국민권익위원회 중앙행심2012-14866, 2013. 1. 29., 각하]**

노동위원회의 중재신청에 대한 결정은 「행정심판법」 제3조제1항에서 말하는 '다른 법률에 특별한 규정이 있는 경우'에 해당한다고 할 것이므로 이 사건 처분에 대한 취소 및 중재재정의 이행을 구하는 청구인의 이 사건 심판청구는 우리 위원회의 심판대상이 아닌 것을 대상으로 한 부적법한 심판청구이다.

청구인 당사자 능력에 대해 살펴보자. 행정심판법에는 법인이 아닌 사단 또는 재단으로서 대표자나 관리인이 정하여져 있는 경우에는 그 사단이나 재단의 이름으로 심판청구를 할 수 있다(법 제14조)고 규정되어 있다. 행정심판법에 별다른 규정은 없으나 미성년자와 피성년후견인은 법정대리인으로, 사망자는 권리 또는 이익을 승계한 자로, 법인의 지점은 당해 법인의 명의로 심판청구를 해야 하며, 해산된 법인은 잔존한 권리의무 범위 안에서 심판청구의 청구인 능력을 인정받을 수 있다. 이에 해당하지 않는 자가 한 청구, 즉 권리능력과 당사자능력이 인정되지 않는 자의 심판청구는 부적법한 청구로 각하한다.

행정심판례 [중앙행정심판위원회 2013. 03. 15. 2013-05864 각하/기각]

행정심판의 성질에 비추어 「민법」과 「민사소송법」에 따른 권리능력과 당사자능력이 있는 자라야 행정심판의 당사자가 될 수 있다고 할 것인바, 별지 기재 청구인들 중 청구인 2 내지 9인 ○○사대부초 · ○○사대부여중 · ○○사대부여고 · ○○사대부중 · ○○사대부고 · ○○중 · ○○고 · ○○고는 권리능력과 당사자능력이 있는 법인이 아닐 뿐 아니라, 「행정심판법」 제14조에서 법인이 아닌 사단 또는 재단으로서 대표자나 관리인이 정하여져 있는 경우에는 그 사단이나 재단의 이름으로 심판청구를 할 수 있다고 규정되어 있으나 위 별지 기재 청구인들 중 청구인 2 내지 9는 대표자나 관리인이 정하여져 있는 법인격 없는 사단 또는 재단도 아닌 교육시설의 명칭에 불과하다고 할 것이어서 「행정심판법」상 행정심판을 제기할 당사자능력이 인정된다고 할 수 없으므로, 위 별지 기재 청구인 2 내지 9의 청구인들이 제기한 이 사건 심판청구는 당사자능력이 없는 자가 제기한 부적법한 청구이다.

재심판청구 역시 부적법한 청구로 각하된다. 심판청구에 대한 재결이 있으면 그 재결 및 같은 처분 또는 부작위에 대하여 다시 행정심판을 청구할 수 없으므로(법 제51조) 만족스럽지 못한 재결로 불만이 있다면 다른 제도나 절차를 고려해야 한다. 반복하여 심판청구를 한다면 위원회는 부적법한 청구로 판단하기 때문이다.

행정심판례 [국민권익위원회 중앙행심2013-02028, 2013. 3. 26., 각하]

청구인의 이 사건 심판청구는 이미 2007년도 제2회 및 제15회 국무총리행정심판위원회의 의결에 따라 2007. 1. 25. 및 2007. 5. 31. 건설교통부장관이 각하로 재결한 사건에 대하여 다시 행정심판을 청구한 것으로 「행정심판법」 제51조에 의한 재심판청구에 해당되어 부적법한 청구이다.

다음으로 처분청은 본안에 대한 답변으로 처분의 근거법령과 처분의 이유를 제시하며 심판청구가 이유 없다고 주장한다. 즉 처분의 적법·타당성을 주장하고 심판청구에 대해 '기각'을 요청한다. 처분청은 기각을 요청하면서 위반사실 확인과정에서 취득한 자료나 현장조사서, 확인서, 진술서, 의견제출서, 청문조서, 질의문답서, 도면, 영상 등의 증거서류나 증거물을 제출한다. 만일 당사자나 관계자가 위반사실을 인정한 확인서나 진술서를 제출한다면 위원회는 이 증거서류를 수용할 가능성이 높으므로 국면에 불리하게 작용될 수 있다. 앞서 법원의 판례로 소개하였듯이 구체적인 위반사실을 자인하는 내용의 확인서는 특별한 사정이 없는 한 그 확인서의 증거가치를 쉽게 부정할 수 없다. 따라서 이미 자인한 확인서나 진술서의 내용을 뒤집기 위해서는 특별한 사정, 즉 그 서류가 강제로 작성되었거나 또는 그 내용의 미비 등을 주장하여야 할 것이다. 확인서나 진술서뿐 아니라 본인이나 관계인이 직접 한 증언이나 서류 등 처분청이 처분의 적법·타당성을 주장하는 데 도움이 되는 자료는 모두 증거로 제출된다고 보아야 한다.

4장

행정심판 청구서 **어떻게 작성하나**

01 행정심판 청구서 **작성 방법**

1. 행정심판 청구서 작성 방법은

행정심판을 청구하여 성과 있는 결과를 얻기 위해서는 행정심판 청구서 작성 전에 꼼꼼한 준비를 하여야 한다. 처분의 내용과 법적 근거는 정확하게 파악하였는지, 주장하려는 내용에 따른 증거자료는 준비되었는지, 처분청의 주장이나 증거자료에 대한 반박은 염두에 두었는지 등이다. 특히 부적법한 심판청구로 '각하'될 우려는 없는지를 주의 깊게 살펴야 한다. 문제가 있을 수 있다면 심판청구서에 심판청구의 적법성을 우선 담아야 한다. 심판청구요건에 문제가 있음에도 행정심판을 청구한다면 그간의 노력이 무위로 돌아갈 뿐 아니라 권리회복의 기회마저 놓치기 때문이다.

이제 행정심판 청구서를 작성해 보자. 심판청구는 서면으로 하여야 하며,

심판청구서에는 ① 청구인의 이름과 주소 또는 사무소(주소 또는 사무소 외의 장소에서 송달받기를 원하면 송달장소를 추가로 적어야 한다), ② 피청구인과 위원회, ③ 심판청구의 대상이 되는 처분의 내용, ④ 처분이 있음을 알게 된 날, ⑤ 심판청구의 취지와 이유, ⑥ 피청구인의 행정심판 고지 유무와 그 내용이 포함되어야 한다. 부작위에 대한 심판청구는 ①, ②, ⑤와 함께 그 부작위의 전제가 되는 신청의 내용과 날짜를 적어야 한다. 대표자(법인) · 관리인(사단 또는 재단) · 선정대표자(공동 심판청구) 또는 대리인은 이름과 주소를 적고, 청구인 · 대표자 · 관리인 · 선정대표자 또는 대리인이 서명 또는 날인하여야 한다(법 제28조).

이러한 법 규정에 따른 행정심판 청구서 서식은 [그림]과 같고, 행정처분 명령서를 받고 이를 다투고자 심판청구를 하려면 그 명령서에 기초하여 서식을 작성하면 된다.

■ 행정심판법 시행규칙 [별지 제30호서식] <개정 2012.9.20>

행정심판 청구서

접수번호	접수일	

청구인	❶ 성명
	❷ 주소
	❸ 주민등록번호(외국인등록번호)
	❹ 전화번호
❺[ ] 대표자 ❻[ ] 관리인 ❼[ ] 선정대표자 ❽[ ] 대리인	성명
	주소
	주민등록번호(외국인등록번호)
	전화번호
❾ 피청구인	
❿ 소관 행정심판위원회	[ ] 중앙행정심판위원회 [ ] ○○시·도행정심판위원회 [ ] 기타

⓫ 처분 내용 또는 부작위 내용	
⓬ 처분이 있음을 안 날	
⓭ 청구 취지 및 청구 이유	별지로 작성
⓮ 처분청의 불복절차 고지 유무	
⓯ 처분청의 불복절차 고지 내용	
⓰ 증거 서류	

「행정심판법」 제28조 및 같은 법 시행령 제20조에 따라 위와 같이 행정심판을 청구합니다.

년 월 일

⓱ 청구인 (서명 또는 인)

⓲ ○○행정심판위원회 귀중

⓳ 첨부서류	1. 대표자, 관리인, 선정대표자 또는 대리인의 자격을 소명하는 서류(대표자, 관리인, 선정대표자 또는 대리인을 선임하는 경우에만 제출합니다.) 2. 주장을 뒷받침하는 증거서류나 증거물	수수료 없음

처리 절차

청구서 작성	➜	접수	➜	재결	➜	송달
청구인		○○행정심판위원회		○○행정심판위원회		

210㎜×297㎜[백상지 80g/㎡]

청구인이 개인이면 ❶ 성명, ❷ 주소 : 주민등록표상 주소를 기재하면서, 행정심판 관련 서류를 받을 수 있는 장소가 주소와 다를 경우 주소 하단에 '송달장소'라 새로 기입하고 서류를 받을 수 있는 주소 기재, ❸ 주민등록번호 기재, ❹ 전화번호 : 연락 가능한 전화번호 기재(휴대전화번호 또는 유선전화번호와 E-mail 주소)를 기재한다.

청구인이 법인 또는 단체인 경우 ❶ 성명 : 법인이나 단체 명칭 기재, ❷ 주소 : 법인은 법인등기부상의 주소, 단체는 주된 사무소가 소재하는 곳 또는 대표자 주소 기재, ❸ 주민등록번호 : 법인번호나 사업자등록번호 또는 대표자 주민등록번호 기재, ❹ 전화번호 : 연락 가능한 전화번호 기재(휴대전화번호 또는 유선전화번호와 E-mail 주소), ❺ 대표자 : 인적사항 기재(공동대표인 경우 전원 기재)하고 법인은 등기사항 전부 증명서, 단체는 고유번호증을 첨부한다. ❻ 관리인 : 재단인 경우 재관관리 규정 등에 대하여 관리권한이 인정되는 관리인의 인적사항 기재, ❼ 선정대표자 : 여러 명의 청구인이 공동으로 심판청구를 할 때 청구인 중 3인 이하의 대표자 선정, 이때 선정대표자 선정서를 작성하고 선정대표자 선정에 동의를 입증할 서류(동의서) 첨부, ❽ 대리인 : 변호사는 대리인 선임서, 가족의 경우 가족관계증명서 등 입증서류 제출, ❾ 피청구인 : 처분 또는 부작위한 행정청, 처분을 받은 경우 처분명령서의 행정청, ❿ 소관 행정심판위원회 : 심판청구사건을 소관하는 행정심판위원회를 표기, 없으면 기타에 표기하거나 양식에 해당 위원회를 적고 표기해도 무방, ⓫ 처분 내용 또는 부작위 내용 : 처분의 경우 행정처분명령서의 처분내용 기입(예: ○○○○법 위반 영업정지 ○개월 처분, ○○○○법 위반 제○종 자동차운전면허 취소처분, ○○○○법 위반 과징금부과처분, 국가유공자

등록거부처분 등). 부작위의 경우 ○○○○ 부작위처분으로 기입, ⑫ 처분이 있음을 안 날 : 처분을 알게 된 날 기재, 우편물로 처분명령서를 수령하였다면 수령한 날이 처분을 알게 된 날임. ⑬ 청구취지 및 청구이유 : 공란 부족으로 사실상 행정심판 청구서에 작성할 수 없으므로 별지로 작성하여 첨부하여야 한다. 이 난에는 '별지로 작성'이라 기입한다. ⑭ 처분청의 불복절차 고지 유무 : 행정청이 처분을 할 때에는 행정청은 당사자에게 그 처분에 관하여 행정심판 및 행정소송을 제기할 수 있는지 여부, 행정심판을 청구하는 경우의 심판청구 절차 및 심판청구 기간 등의 사항을 알리도록 되어 있다. 이에 따라 처분청이 불복절차를 고지하였다면 '고지가 있었음', 고지하지 않았다면 '고지가 없었음'이라 기입, ⑮ 처분청의 불복절차 고지내용 : 처분청이 처분하면서 보낸 문서의 고지내용을 옮겨 적으면 된다. 적어야 할 내용이 많을 경우 요약해서 적어도 무방하다.(예 : '이 사건 처분을 안 날로부터 90일 이내에 행정심판 또는 행정소송을 제기할 수 있습니다.') ⑯ 증거서류 : 증거서류는 별지로 작성한 청구취지와 청구이유에 첨부하므로 '별지로 작성'이라 기입한다. ⑰ 청구인의 서명 또는 날인한다. 날인의 경우 청구인이 법인이면 법인도장, 개인이면 개인도장을 날인한다. ⑱ 심판청구사건을 소관하는 행정심판위원회 명칭을 기입한다. ⑲ 앞서 설명하였듯이 대표자, 관리인, 선정대표자 또는 대리인을 선임할 경우 이들의 자격을 소명하는 서류를 첨부해야 한다.

행정심판 청구서를 작성하면서 좀 더 각별하게 신경써야 할 내용은 청구인은 청구인적격과 청구인능력에 부합되어야 하며, 청구인·대표자·관리인·선정대표자 또는 대리인이 서명 또는 날인, 처분하거나 부작위한 행정청(피청구인), 처분이나 부작위 내용이다.

2. 행정심판 청구서 별지를 작성할 때 유의사항은?

별지로 작성하는 청구취지 및 청구이유의 양식이 별도로 있는 것은 아니다. 따라서 청구인의 의사를 잘 전달할 수 있는 양식으로 작성하면 된다. 여기서 중요한 것은 행정청의 위법·부당한 처분이나 부작위로 인해 침해된 권리를 어떻게 잘 설명하느냐의 문제이다. '잘 설명'한다는 것은 청구사건을 알지 못하는 제3자인 위원회 위원들이 청구인에게 우호적인 판단을 할 수 있도록 하는 근거와 자료를 제공하는 것이다. 그러기 위해서는 사건의 경위와 진상을 알려야 하고, 처분이나 부작위가 위법·부당한 이유를 설명하여야 한다. 주장을 뒷받침하기 위해 증거서류나 증거물도 첨부하여야 한다. 청구한 취지를 간단하고 분명하게 전달하여야 하고, 청구서는 전체적으로 제3자가 이해하기 쉽고 수긍할 수 있도록 작성해야 한다. 청구인이 진솔하게 작성하더라도 그 진솔성이 위원회 위원에게 제대로 전달되지 않으면 아쉬운 결과로 이어질 수도 있다.

이제 행정심판 청구서 별지를 작성해보자. 별도의 양식이 있지는 않지만 일반적으로 [그림]의 양식과 같은 내용으로 별지를 작성한다.

행정심판 청구서

청 구 인 :
주　　소 :
 (송달장소 :　　　　　　　　　　　　)
피청구인 :
사 건 명 :

청구취지

청구이유

1. 이 사건의 경위
   가.
   나.
2. 처분의 위법·부당성
   가.
   나.
3. 결론

증거서류

1. 갑 제1호증
2. 갑 제2호증

○○○○년 ○○월 ○○일

청구인　　(서명 또는 날인)

○○○○행정심판위원회 귀중

이 양식에 구애받을 필요는 없고 청구인의 주장을 전달하기 위해 더 적합한 양식이 있다면 그에 따라 작성하면 된다. 또 이 양식에 따라 작성하더라도 추가하고 싶은 내용이 있다면 편하게 목차를 새로 만들어 작성하면 된다.

작성하는 데 지나친 부담을 갖게 되면 중도에 포기하고 싶은 심정이 생길 수도 있으므로 일단 편하게 작성해 보는 것이 필요하다. 심판청구서 해석에 애매한 부분이 있다면 위원회에서 청구인에게 유리하게 해석할 것이라는 기대도 해 봄직하다. 법원에서도 심판청구인은 일반적으로 전문적 법률지식이 부족해서 제출된 서면의 취지가 불명확한 경우가 있으나, 이러한 경우 행정청으로서는 그 서면을 가능한 한 제출자에게 이익이 되도록 해석하고 처리하여야 한다(대법원 2007. 6. 1., 선고, 2005두11500, 판결, 참조)고 한 바 있으니 말이다. 그렇다 하더라도 주장의 핵심을 놓치지 말고 가급적 육하원칙에 따라 일목요연하게 작성하여 불리하게 해석될 수 있는 여지가 없도록 작성하여야 한다.

행정심판 청구서 별지 작성요령은 일단 청구인, 주소(송달장소), 피청구인 난은 행정심판 청구서에 기입한 사항과 동일하게 기재한다. 사건명은 앞단은 처분의 내용, 뒷단은 심판청구의 종류(취소청구, 무효등확인청구, 의무이행청구)를 조합하여 적는다. 예를 들면 '영업정지처분 취소청구', '자동차운전면허 취소처분 취소청구', '과징금 부과처분 취소청구', '○○면허 자격정지처분 취소청구', '영업정지처분 무효등확인청구', '사업계획변경승인 의무이행청구'등과 같이 작성한다.

청구취지는 위원회에 바라는 결정을 간략하게 작성한다. 예를 들면 '피청구인이 ○○○○년 ○○월 ○○일 청구인에 대하여 한 영업정지 2개월의 처분을 취소한다. 는 재결을 구합니다.', '피청구인이 ○○○○년 ○○월 ○○일 청구인에 대하여 한 ○○면허 자격정지처분이 무효임을 확인한다. 는 재결을 구합니다.', '청구인이 ○○년 ○○월 ○○일에 피청구인에게 신청한 사업계획변경승인 의무를 이행하라. 는 재결을 구합니다.'라고 적는다. 그런데 처분이나 부작위 사건이 여러 건일 수도 있고, 하나의 사건이라 하더라도 무효등확인청구와 취소청구를 함께 할 수도 있고, 취소청구와 의무이행청구를 같이 할 수도 있다. 이러한 경우는 주위적청구와 예비적청구로 구분하여 작성하여도 되고 연번으로 번호를 매겨 작성해도 무방하다.

청구이유에서 이 사건의 경위는 위법·부당한 처분이나 부작위 사건의 경위를 육하원칙에 따라 객관적 사실을 중심으로 가급적 간명하게 작성한다. 이 사건을 처음 대하는 위원회 위원들에게 어떠한 일이 있었는지 우선 이해할 수 있게 하기 위해서이다. 여기에 청구인이 주장을 더하게 되면 위원이 사건 경위를 파악하는 데 사실과 주장의 혼선이 생길 수 있기 때문이다. 주장은 '처분의 위법성'에서 충분히 다룰 수 있다.

'처분의 위법성' 또는 '부작위 위법성'을 작성하기 전에 요건심리에서 각하될 수 있는 심판청구 요건의 적법성이 문제가 될 수 있다. 예를 들면 심판청구 기간의 준수 여부, 부작위에 대한 심판청구 시 신청이 있었는지, 행정심판 대상 여부, 특별행정심판 절차 여부, 당사자능력 여부, 법률상의 이익이 있는지 여부, 재심판청구 여부 등이다. 이러한 논란이 예상된다면 미리 소명하는 것도 방법이다. 아니면 처분청의 답변서를 받아보고 보충서면에서 처분청의 논리를 반박하고 심판청구가 적법하다는 주장을 하는 것도 방법이다.

또 답변서에 처분청은 어떠한 주장(처분의 원인이 되는 사실, 근거법령 및 조문 내용, 확인서·의견제출서·사진 등 관련 증거서류 및 증거물 등)을 담을 것인가의 문제이다. 청구인은 처분과정에서의 의견교환을 통해 처분청의 주장을 어느 정도 예상하고 있을 것이다. 유의해야 할 것은 원하는 결과를 얻을 목적으로 거짓이나 허위로 볼 수 있는 내용으로 작성하거나, 서면이나 증언으로 남아있는 주장을 합당한 근거 없이 번복하는 것이다. 그리고 확실하지 않은 처분사유에 대해서도 미리 반박 주장을 할 것인지 신중하게 검토해야 한다. 처분청은 답변서에서 처분의 적법성을 주장하고 증거서류도 제출하므로 처분의 주장을 명확하게 파악한 후 보충서면에서 반박 주장을 하여도 늦지 않다.

처분의 위법성을 작성할 때는 우선 주장하는 내용을 정리할 필요가 있다. ① 의견제출 기회를 부여하지 않았다, ② 처분서가 문서로 송달·도달하지 않아 효력이 없다, ③ 법적 의무를 이행하지 않았다, ④ 사실조사를 위법하게 하였다, ⑤ 처분청이 확인한 위반사실과 실체적 진실은 다르다, ⑥ 청구인의 의무위반을 탓할 수 없는 정당한 사유가 있다, ⑦ 처분의 근거법령 적용에 문제가 있다, ⑧ 감경사유를 전혀 검토하지 않은 처분이다, ⑨ 영업정지처분을 과징금부과 처분으로 변경 요청 또는 면허취소처분을 면허정지처분으로 변경 요청한다, ⑩ 처분으로 청구인이 입을 피해가 지나치게 가혹하므로 감경 요청한다 등의 주장 내용을 정리하고 이러한 주장을 소제목으로 하면서, 소제목에 부합하는 내용으로 단락을 구성하여 작성하면 좀 더 분명하게 의사를 전달 할 수 있을 것이다. 소제목으로 법의 일반원칙을 사용하는 경우도 있으니 참고하기 바란다.

각 소제목에 따라 주장하는 이유를 적고 그 이유의 근거를 제시하여야 한다. 근거를 명백하거나 객관적으로 확인할 수 있다면 신뢰를 얻을 수 있을 것이다. 객관적으로 입증하기 어려운 경우라 하더라도 최대한 증거자료를 확보할 필요가 있다. 단지 추정하거나 의심의 여지가 있다는 주장만으로는 위원들의 이해를 구하기가 쉽지 않기 때문이다. 근거자료는 법령이나 판례, 행정심판례, 행정청의 내부규정과 질의회신, 행정청과 주고받은 문서, 기록한 서류, 사진, CCTV 등의 영상, 녹취록, 문자메시지 등 주장을 입증할 수 있는 어떠한 서류나 증거물이라도 제출할 필요가 있다. 필요한 자료가 청구인에겐 없지만 행정청에 있다면 정보공개를 청구하여 확보하면 된다. 청구인 입장에서 사실관계를 주장할 이유는 있으나 증거서류나 증거물이 없을 때는 매우 난감하게 된다. 이러한 경우 이를 확인해 줄 수 있는 다른 사람의 '사실확인서'를 받아 증거서류로 제출하는 것도 방법이다. 또 청구사건과 직접 관련은 없어도 '처분의 가혹성' 주장 시 필요한 증거서류도 제출할 필요가 있다. 그동안 청구인이 사회구성원으로 성실하게 살아온 점을 주장하며 수상이나 봉사내역을 첨부하거나, 처분으로 인해 청구인이 입게 될 피해가 가혹하다는 점, 영위하는 사업의 구성원이 처할 어려움 등을 주장하면서 이를 입증할 수 있는 자료도 첨부할 필요가 있다. 위원회는 처분으로 처분청이 달성하려는 공익목적에 비해 그로 인하여 청구인이 입게 될 불이익이 크다고 판단하면 원처분을 변경하기 때문이다. 이상의 주장을 뒷받침하기 위해 확보한 증거서류나 증거물은 각 주장의 뒷단에 '(갑 제1호증)', '(갑 제2호증)'이라 적는다.

결론 부분에서는 청구인의 주장을 간략하게 요약 정리하며 청구취지 내용으로 마무리하고, 증거서류(일반적으로 청구인의 경우 증거서류 목록 앞에 '갑'이라 쓰고, 피청구인의 경우는 '을'이라 쓴다)는 청구인의 자격을 입증할 수 있는 사업자등록증, 처분이 있었던 사실을 증명하는 처분명령서 등을 기본 증거서류로 하고, 처분의 위법·부당성을 주장하면서 제시할 필요가 있는 증거서류를 순차로 목록을 작성하면 된다. 날짜 기입과 청구인 서명 또는 날인을 하고, 별지로 작성한 행정심판 청구서에 증거서류를 별도로 첨부하여 소관 행정심판위원회나 처분청에 제출하면 된다.

그런데 심판청구서를 제출한 후에 청구내용을 변경해야 하는 사유가 발생할 수 있다. 예를 들면 취소심판을 무효등확인심판으로 변경하거나 처분의 위법을 부당으로 변경해야 하는 경우 또는 피청구인이 원처분을 변경 처분한 경우 등이다. 행정심판법에 청구인은 청구의 기초에 변경이 없는 범위에서 청구의 취지나 이유를 변경할 수 있고, 행정심판이 청구된 후에 피청구인이 새로운 처분을 하거나 심판청구의 대상인 처분을 변경한 경우에는 청구인은 새로운 처분이나 변경된 처분에 맞추어 청구의 취지나 이유를 변경할 수 있다(법 제29조)고 명시하고 있다. 여기서 청구의 기초에 변경이 없어야 한다는 것은 현재 제기되어 있는 심판청구에 의해 구제받으려고 하는 청구인의 법률상 이익이 동일해야 한다는 의미이다. 청구를 변경하려면 청구변경신청서에 변경대상과 변경내용을 작성하여 피청구인과 참가인의 수만큼 부본을 함께 제출한다. 청구변경신청서를 제출받은 위원회는 피청구인과 참가인에게 송달하고 의견을 제출받아 청구변경 신청에 대하여 허가할 것인지 여부를 결정한다.

3. 작성한 행정심판 청구서는 어디로 보내야 하나?

청구인은 심판청구서를 작성하여 위원회 또는 피청구인에게 제출하여야 한다. 피청구인에게 보내려면 처분이나 부작위를 한 행정청에 송달하면 되고, 위원회에 보내려 한다면 소관 행정심판위원회를 찾아야 한다. 처분의 경우에는 처분청이 고지하면서 소관 행정심판위원회를 알려주기도 하지만 '행정심판을 청구 할 수 있다'고만 알리는 경우도 있어 청구인으로서는 어느 위원회에 제출해야 하는지를 몰라서 혼동하는 경우가 간혹 있다. 게다가 '다른 법률에 특별한 규정이 있는 경우'라면 본안심리를 해보지도 못할 수 있다. 이렇게 혼동이 있을 경우 해당 행정청으로 보내는 것이 안전할 수 있겠다. 부득이하게 위원회로 보내야 한다면 해당 행정청에 먼저 문의하여 소관 행정심판위원회를 확인하는 것도 방법이다.

심판기관은 크게 두 종류로 행정심판법에 따른 행정심판위원회와 별도의 법률에 규정된 특별행정심판위원회가 있다. 특별행정심판위원회는 전문성과 특수성을 살리기 위해 특별히 필요한 경우 두는 심판기관이다. '다른 법률에 특별한 규정'을 둔 경우로 조세, 소청, 노동, 특허, 산업재해, 건강보험 · 고용보험 등이 있다. 따라서 이에 해당하는 사건의 심판청구는 특별행정심판위원회에 제기해야 한다. 어느 위원회에 심판청구를 할 것인가 의문이 생긴다면 행정심판위원회와 특별행정심판위원회의 설치현황 [표]를 참고하여 처분 또는 부작위의 행정청이나 설치근거 법률을 확인하면 쉽게 해당 위원회를 찾을 수 있다.

행정심판위원회 설치현황

구분	심리관할(처분청)
중앙행정심판위원회	중앙행정기관(각 부·처·청 등), 특별시, 광역시·도, 중앙행정기관 소속 특별지방행정기관(지방경찰청, 지방병무청, 지방식품의약품안전청, 지방환경청, 지방고용노동청 등)의 처분 또는 부작위에 대한 심판청구사건
17개 시·도 행정심판위원회	시장·군수·구청장의 처분 또는 부작위에 대한 심판청구사건
17개 시·도 교육청 행정심판위원회	소속 교육장 등의 처분 또는 부작위에 대한 심판청구사건
6개 고등검찰청 행정심판위원회	소속 지방검찰청검사장, 지청장의 처분 또는 부작위에 대한 심판청구사건
4개 지방교정청 행정심판위원회	소속 교도소장, 구치소장의 처분 또는 부작위에 대한 심판청구사건
감사원 행정심판위원회	감사원장의 처분 또는 부작위에 대한 심판청구사건
국가정보원 행정심판위원회	국가정보원장의 처분 또는 부작위에 대한 심판청구사건
대통령비서실 행정심판위원회	대통령비서실장의 처분 또는 부작위에 대한 심판청구사건
국가안보실 행정심판위원회	국가안보실장의 처분 또는 부작위에 대한 심판청구사건
대통령경호처 행정심판위원회	대통령경호처장의 처분 또는 부작위에 대한 심판청구사건
방송통신위원회 행정심판위원회	방송통신위원회의 처분 또는 부작위에 대한 심판청구사건
국가인권위원회 행정심판위원회	국가인권위원회 사무처장의 처분 또는 부작위에 대한 심판청구사건
국회사무처 행정심판위원회	국회 사무총장의 처분 또는 부작위에 대한 심판청구사건
법원행정처 행정심판위원회	대법원 및 각급법원의 장, 법원행정처장 등의 처분 또는 부작위에 대한 심판청구사건
헌법재판소사무처 행정심판위원회	헌법재판소 사무처장의 처분 또는 부작위에 대한 심판청구사건
중앙선거관리위원회 행정심판위원회	중앙선거관리위원장 등의 처분 또는 부작위에 대한 심판청구사건

출처 : 중앙행정심판위원회 홈페이지

특별행정심판기관 설치현황

구분	설치근거
조세심판원(국무총리)	국세기본법 제67조
관세심사위원회(세관, 관세청)	관세법 제124조
국세심사위원회(세무서, 지방국세청, 국세청)	국세기본법 제66조의2
지방세심의위원회(지방자치단체)	지방세기본법 제141조
중앙해양안전심판원(해양수산부) 지방해양안전심판원(해양수산부)	해양사고의 조사 및 심판에 관한 법률 제3조, 제8조
특허심판원(특허청)	특허법 제132조의2
소청심사위원회(행정자치부)	국가공무원법 제9조
교원소청심사위원회(교육부)	교원의 지위 향상 및 교육활동 보호를 위한 특별법 제7조
중앙군인사소청심사위원회(국방부) 군인사소청심사위원회(각 군 본부) 항고심사위원회(국방부 등)	군인사법 제51조 군인사법 제51조 군인사법 제60조의2
17개 시·도 지방소청심사위원회	지방공무원법 제13조
17개 시·도 교육청 교육소청심사위원회	지방공무원법 제13조
산업재해보상보험심사위원회(근로복지공단)	산업재해보상보험법 제104조
산업재해보상보험재심사위원회(고용노동부)	산업재해보상보험법 제107조
중앙노동위원회(고용노동부)	노동위원회법 제2조
중앙토지수용위원회(국토교통부) 17개 지방토지수용위원회	공익사업을 위한 토지 등의 취득 및 보상에 관한 법률 제49조
고용보험심사위원회(고용노동부)	고용보험법 제99조
중앙선거관리위원회 시·도선거관리위원회	공직선거법 제219조(선거소청)
광업조정위원회(산업통산자원부)	광업법 제92조
건강보험분쟁조정위원회(보건복지부)	국민건강보험법 제89조
국민연금심사위원회(국민연금공단)	국민연금법 제109조
변호사징계위원회(법무부)	변호사법 제92조
어업재해보상보험심사위원회(해양수산부)	어선원 및 어선재해보상보험법 제60조
공무원재해보상연금위원회(국무총리소속, 사무국 인사혁신처)	공무원 재해보상법 제52조
군인연금급여재심위원회(국방부)	군인연금법 제5조

출처 : 중앙행정심판위원회 홈페이지

02 집행정지신청서와 보충서면 작성 방법

1. 집행정지신청서 서식과 별지의 작성 방법과 유의사항은?

행정심판 청구를 고려하는 이유 중의 하나가 처분의 집행을 연기할 수 있다는 것이고, 집행정지신청을 하기 위해서는 심판청구가 반드시 있어야 한다.

행정심판법에 따르면 '심판청구는 처분의 효력이나 그 집행 또는 절차의 속행(續行)에 영향을 주지 아니한다(행정심판법 제30조제1항).'고 하여 집행부정지원칙을 규정하고 있다. 따라서 처분의 집행을 정지하고자 한다면 별도로 집행정지 신청을 하여야 한다. 이와 관련된 규정을 보면, '위원회는 처분, 처분의 집행 또는 절차의 속행 때문에 중대한 손해가 생기는 것을 예방할 필요성이 긴급하다고 인정할 때에는 직권으로 또는 당사자의 신청에 의하여 처분의 효력, 처분의 집행 또는 절차의 속행의 전부 또는 일부의 정지

(이하 "집행정지"라 한다)를 결정할 수 있다(법 제30조제2항).' 이러한 집행정지 신청은 심판청구와 동시 또는 별도로 할 수 있으며 신청의 취지와 원인을 적은 서면을 위원회에 제출하여야 한다. 다만, 심판청구서를 피청구인에게 제출한 경우로서 심판청구와 동시에 집행정지 신청을 할 때에는 심판청구서 사본과 접수증명서를 함께 제출하여야 한다(법 제30조제5항). 심판청구만으로 당연히 처분의 집행이 정지되는 것이 아니고 별도로 청구인의 집행정지 신청이 있어야 하고 위원회가 결정함으로써 처분의 집행이 정지된다.

위원회는 어떤 기준으로 집행정지 인용 여부를 결정할까. ① 심판청구가 있어야 하고, ② 처분의 집행 때문에 '중대한 손해'가 생기는 것을 예방할 필요성이 긴급하여야 하며, ③ 심판청구가 적법하여야 하고, 이유 없음이 명백하지 않아야 하며, ④ 집행정지로 공공복리에 중대한 영향을 미칠 우려가 없어야 한다. 집행정지신청이 이러한 요건을 갖추고 있다면 위원회가 집행정지를 받아들이지 않을 이유가 없다.

행정소송에서 집행정지는 '회복하기 어려운 손해'를 예방하기 위하여 긴급한 필요가 있을 때이다. 여기서 '회복하기 어려운 손해'는 '특별한 사정이 없는 한 금전으로 보상할 수 없는 손해로서 이는 금전보상이 불능인 경우 내지는 금전보상으로는 사회관념상 행정처분을 받은 당사자가 참고 견딜 수 없거나 또는 참고 견디기가 현저히 곤란한 경우의 유형, 무형의 손해'를 의미한다(대법원 2004. 5. 12., 자, 2003무41, 결정)고 법원은 판시하였다. 이를 볼 때 행정심판의 집행정지는 '중대한 손해'이므로 행정소송의 집행정지 요건에 비하여 상대적으로 처분 받은 당사자의 권익을 좀 더 두텁게 보장하는 측면이 있다. 집행정지신청을 해야 할 사연이나 이유가 있다면 심판청구를 지렛대 삼아 권익 유실을 방지하는 것도 방법이다.

집행정지 신청이 인용되면 행정청이 한 처분은 확정된 것이 아니며, 집행정지기간 중에는 처분이 없었던 원래의 상태가 된다. 따라서 집행정지가 종료되기 전까지 처분의 내용에 해당하는 영업이나 사업 또는 자격 관련 업무를 지속할 수 있다.

판례 [서울행정법원 2019. 9. 6., 선고, 2019구합63843, 판결]

취소처분에 대하여 더 이상 그 효력을 다툴 수 없는 불가쟁력이 발생하기 전에 그 취소를 구하는 행정소송이 제기되고 그 효력을 정지하는 집행정지결정까지 되었다면, 그 취소처분은 아직 확정되지 않았을 뿐만 아니라 그 집행정지기간 중에는 취소처분이 없었던 원래의 상태와 같은 상태가 되고, 이러한 집행정지 결정은 당사자인 행정청을 기속한다(대법원 2007. 3. 29. 선고 2006두17543 판결).

행정심판 청구서 작성요령을 검토했으므로 집행정지신청서 작성은 그리 어렵지 않다.

집행정지신청서는 첨부한 서식과 같고 작성방법을 알아보면 ① 사건명: 행정처분청구서 별지의 사건명에서 앞단에는 처분내용을 적고 뒷단에 '집행정지신청'을 추가하여 적는다.(예 : '영업정지처분 집행정지신청') ② 신청인 : 행정심판 청구서의 청구인과 동일하게 기입, ③ 피신청인 : 행정심판 청구서의 피청구인과 동일하게 기입한다. ④ 신청취지 : 행정심판 청구서의 청구취지를 참고하여 기입한다. 예를 들면 청구취지가 '피청구인이 ○○○○년

○○월 ○○일 청구인에 대하여 한 영업정지 2개월의 처분을 취소한다. 는 재결을 구합니다.'라면 집행정지 신청취지에는 '피신청인이 ○○○○년 ○○월 ○○일 신청인에 대하여 한 영업정지 2월(○○○○.○○.○○. ~ ○○○○.○○.○○.)의 처분은 동 처분에 대한 심판청구사건의 재결이 있을 때까지 그 효력을 정지한다. 는 결정을 구합니다.'라고 적는다. ⑤ 신청원인 : 행정심판 청구서의 청구취지 및 청구이유와 같이 공란 부족으로 사실상 작성할 수 없으므로 별지로 작성하여 첨부하여야 한다. 이 난에는 '별지로 작성'이라 기입한다. ⑥ 소명방법 : 신청원인을 별지로 작성하고 관련 증거서류를 첨부하므로 이 난에는 '증거서류 등 별지로 작성'이라 기입한다. ⑦ 일자와 신청인의 서명 또는 날인(행정심판 청구서와 동일한 방식으로 날인), 소관 행정심판위원회 명칭을 기입하여 제출한다.

■ 행정심판법 시행규칙 [별지 제33호서식] <개정 2012.9.20>

집행정지신청서

접수번호	접수일	

사건명		
신청인	성명	
	주소	
피신청인		

신청 취지	
신청 원인	
소명 방법	

「행정심판법」 제30조제5항 및 같은 법 시행령 제22조제1항에 따라 위와 같이 집행정지를 신청합니다.

년 월 일

신청인 (서명 또는 인)

○○행정심판위원회 귀중

첨부서류	1. 신청의 이유를 소명하는 서류 또는 자료 2. 행정심판청구와 동시에 집행정지 신청을 하는 경우에는 심판청구서 사본과 접수증명서	수수료 없음

처리 절차

신청서 작성 ➜ 접수 ➜ 결정 ➜ 송달

신청서 작성	접수	결정	송달
신청인	○○행정심판위원회	○○행정심판위원회	

210㎜×297㎜[백상지 80g/㎡]

별지로 작성하는 집행정지신청서는 [양식]을 참고하고, 담아야 할 주요내용은 신청취지, 신청원인, 소명방법이다. 신청인, 주소(송달장소), 피신청인, 사건명은 집행정지신청서와 동일하게 기입한다. 신청취지 역시 집행정지신청서에 기입한 내용을 다시 한 번 적는다.

작성할 때 신경 쓸 내용은 신청원인과 소명방법이다. 즉 중대한 손해 예방의 긴급성, 본안청구 이유, 공공복리에 영향을 미칠 우려, 증거서류 및 증거물이다. 이러한 내용을 위원회 위원이 이해하기 쉽게 단락을 구분하여 설명하고 자료를 첨부해야 한다. 중대한 손해 예방 긴급성은 본안청구 이유와 같이 다툼의 여지가 있음을 강조하고 처분이 집행되었을 경우 그 피해가 중대하다는 점을 주장한다. 예를 들면 계약의 취소 등 사업 지속의 어려움, 이용자의 피해 발생, 생계의 어려움 등의 중대한 손해가 발생할 수 있다는 점을 호소한다. 본안청구 이유는 행정심판 청구서의 청구취지 및 청구이유가 될 것이기에 이 내용을 참고하여 작성해도 되고 편의상 그대로 옮겨 적어도 무방하다.

집행정지신청서

청 구 인 :
주　　소 :
(송달장소 :　　　　　　　　　)
피청구인 :
사 건 명 :

신청취지

신청이유

1. 이 사건의 경위
2. 처분의 위법 · 부당성
3. 행정처분 집행으로 인한 중대한 손해
4. 공공복리에 영향을 미칠 우려
5. 결론

증거서류

1. 제1호증
2. 제2호증

○○○○년 ○○월 ○○일

피청구인　　(서명 또는 날인)

○○○○행정심판위원회 귀중

그리고 위원들이 혹여 집행정지로 인해 공공복리에 영향을 줄 수 있다고 판단할 우려가 있다면 긴급하게 조치하였다는 점 등을 설명하며 위반행위로 인한 공공의 피해가 없거나 미미하다는 점을 강조한다. 즉 처분의 집행으로 당사자가 입을 피해가 더 크다는 주장으로 이해를 구한다. 법원은 행정처분의 효력정지는 공공복리에 중대한 영향을 미칠 우려가 없어야 허용되고, 공공복리에 중대한 영향을 미칠 우려가 있다는 점에 대하여는 처분청에게 주장 소명책임이 있다(대법원 1994. 10. 11., 94두23, 결정)는 태도로 이는 신청자에게 유리한 측면이다. 그렇다 하더라도 행정심판은 서면으로 진행되고 집행정지는 위원회가 긴급하게 결정한다는 점을 고려해서 신청자가 미리 소명하는 것도 필요하다.

증거서류는 행정심판 청구서와 주장이 동일한 경우에는 그대로 사용하면 되고, 집행정지신청에서 별도의 요건에 해당하는 내용(중대한 손해, 공공복리에 미치는 영향)는 신청서에 작성한 주장에 따라 증거서류를 추가하면 된다.

여기서 유의해야 할 사항은 집행정지 요건 중에 법령에는 규정되어 있지 않으나 판례로 정립된 요건으로 심판청구가 적법하여야 하며, 이유 없음이 명백하지 않아야 한다는 것이다. 위원회가 하는 심리에는 요건심리와 본안심리가 있다고 하였다. 위원회는 요건심리를 하여 심판청구가 적법하지 않은 경우 각하하고 적법한 청구라 하더라도 본안심리에서 청구가 이유가 없으면 기각한다. 법원은 집행정지의 요건으로 적법한 청구이어야 하고, 본안이 다툼의 여지가 있어야 한다고 본다. 따라서 심판청구서를 작성할 때부터 요건심리와 본안심리를 염두하여 적법한 청구, 이유 있는 청구가 되도록 하여야 한다.

판례 [대법원 2010. 11. 26., 자, 2010무137, 결정]

행정처분의 효력정지나 집행정지를 구하는 신청사건에서는 행정처분 자체의 적법 여부는 원칙적으로 판단의 대상이 아니고, 그 행정처분의 효력이나 집행을 정지할 것인가에 관한 행정소송법 제23조제2항에서 정한 요건의 존부만이 판단의 대상이 되는 것이다. 다만, 집행정지는 행정처분의 집행부정지원칙의 예외로서 인정되는 것이고, 또 본안에서 원고가 승소할 수 있는 가능성을 전제로 한 권리보호수단이라는 점에 비추어 보면, 집행정지사건 자체에 의하여도 신청인의 본안청구가 적법한 것이어야 한다는 것을 집행정지의 요건에 포함시키는 것이 옳다.

판례 [대법원 2007. 7. 13., 자, 2005무85, 결정]

행정처분의 효력정지나 집행정지제도는 신청인이 본안 소송에서 승소판결을 받을 때까지 그 지위를 보호함과 동시에 후에 받을 승소판결을 무의미하게 하는 것을 방지하려는 것이어서 본안 소송에서 처분의 취소가능성이 없음에도 처분의 효력이나 집행의 정지를 인정한다는 것은 제도의 취지에 반하므로 효력정지나 집행정지사건 자체에 의하여도 신청인의 본안 청구가 이유 없음이 명백하지 않아야 한다는 것도 효력정지나 집행정지의 요건에 포함시켜야 한다.

집행정지 신청 시 실무적으로 유의해야 할 사항은 처분의 집행이 촉박할 때이다. 보통은 사전통지, 의견제출 과정을 거치며 처분이 예측되기도 하고 또 행정청이 적당한 기간을 두고 처분을 집행하지만 당사자 입장에서 볼 때 처분을 촉박하게 집행하는 경우도 있다. 이런 때에는 심판청구와 동시에 집행정지신청을 해야 하는데 위원회에서 집행정지 인용 여부를 결정할 때까지 소요되는 시간이 필요하다. 심판청구서와 집행정지신청서를 작성하는데 필요한 시간, 위원회에 서류를 제출하고, 이를 접수한 후 위원회가 집행정지 인용 여부를 결정 시까지 필요한 시간을 감안하면 결코 짧은 시간 안에 결정을 얻기가 쉽지 않다. 집행정지신청서를 행정청으로 보낼 경우에 행정청은 이 서류를 다시 위원회로 송부해야 하기 때문에 또 시간이 소요된다. 따라서 집행정지신청을 할 경우 처분의 집행기일 도래와 집행정지 결정 시일을 감안하여 준비하여야 한다.

2. 보충서면 서식과 별지의 작성 방법과 유의사항은?

보충서면의 법적 근거를 보면, 당사자는 심판청구서 · 보정서 · 답변서 · 참가신청서 등에서 주장한 사실을 보충하고 다른 당사자의 주장을 다시 반박하기 위하여 필요하면 위원회에 보충서면을 제출할 수 있고(법 제33조제1항), 당사자는 심판청구서 · 보정서 · 답변서 · 참가신청서 · 보충서면 등에 덧붙여 그 주장을 뒷받침하는 증거서류나 증거물을 제출할 수 있다(법 제34조제1항).

행정심판 절차상 보충서면은 청구인이 자기주장의 기회를 충분하게 보장하는 가장 기본적인 권리이다. 행정심판은 서면으로 진행되기에 대면으로 하는 주장과 반박에 비해 한계가 있으나 위원회와 당사자 간의 면접기일을 잡고 이동하는 불편 없이 피청구인의 주장에 대한 반박뿐 아니라 새로운 주장 등의 내용을 위원회가 정하는 심리기일 이전까지 언제든지 보충서면을 제출할 수 있다는 점에서 유리한 측면도 있다. 또한 서면뿐 아니라 증거물 등 사실상 모든 물적 증거를 제출할 수 있으므로 의사개진에 상당한 권리가 보장되어 있다.

행정심판 절차에서 살펴보았듯이 처분청은 위원회를 통해 행정심판 청구서를 송달받거나 접수한 행정심판 청구서를 검토하여 처분의 적법·타당성을 주장하는 답변서에 증거서류를 첨부하여 위원회로 보내고, 위원회는 이 서류를 다시 청구인에게 송달한다. 청구인은 '처분의 위법·부당성'을 주장하였는데 이를 반박하는 '처분의 적법·타당성'을 주장하는 처분청의 답변서를 받고 반박하는 것은 당연한 순서이다. 이때 반박에 활용하는 서류가 보충서면이다. 쟁점이 되는 사안이 이미 심판청구서에 반영되어 있고, 답변서의 주장이 심판청구서의 내용을 크게 벗어나지 않아 다시 반박할 경우 동어반복이 된다면 보충서면 제출을 고려해 볼 수 있겠으나, 예상하지 못한 답변이나 알지 못하였던 증거서류나 증거물이 제출되었을 때 다시 반박하지 않는다면 위원회는 청구인이 더 이상 주장할 내용이 없거나 또는 처분청의 주장을 인정한다고 판단할 수도 있다. 따라서 답변서를 받으면 꼼꼼하게 검토하여 가급적 처분청의 주장을 반박하는 보충서면을 작성·제출할 필요가 있다. 또 답변서에 대한 반박 주장 외에도 청구인이 심판청구서에서 누락한 주장이나 사실, 새로운 사실을 확인, 새로운 증거를 확보했다면 이러한 내용을 보충서면에 담아 증거서류와 함께 위원회에 제출하면 된다.

보충서면은 서식을 참고하여 작성하면 된다. ① 사건명 : 답변서에 적혀있는 사건명을 그대로 기입한다. ② 사건번호 : 답변서에 적혀있는 사건번호를 그대로 기입한다. ③ 청구인 : 행정심판 청구서와 동일하게 성명, 연락처, 주소를 기입한다. ④ 피청구인 : 처분한 행정청의 명칭을 기입한다. ⑤ 제출내용 : '별지로 작성'이라 기입하고 작성한 별지와 증거서류를 서식에 첨부한다. ⑥ 제출인을 기입하고 서명 또는 날인하고 위원회를 명칭을 적는다. 보충서면은 심판청구서와 마찬가지로 다른 당사자의 수만큼 부본을 함께 제출하면 된다.

보 충 서 면

접수번호	접수일	

사건명	사건번호 :
청구인	성명 (연락처) 주소
피청구인	

구분	보충서면
제출 내용	

「행정심판법」 제33조제1항에 따라 위와 같이 보충서면을 제출합니다.

년 월 일

제출인 (서명 또는 인)

○○행정심판위원회 귀중

※ 보충서면은 다른 당사자의 수 만큼 부본을 함께 제출하시기 바랍니다.

첨부서류		수수료 없음

처리 절차

보충서면 작성・제출	➜	접수
제출인		○○행정심판위원회

210㎜×297㎜[백상지 80g/㎡]

보충서면

사건번호 :
사 건 명 :
청 구 인 :
피청구인 :

청구인은 다음과 같이 보충서면을 제출합니다.

다　　음

1. 피청구인의 주장
2. 피청구인 주장에 대한 청구인의 답변
   가. ○○○주장에 대하여
   나. ○○○주장에 대하여
3. 주장의 보충
4. 결론

증거서류

1. 갑 제1호증
2. 갑 제2호증

○○○○년 ○○월 ○○일
청구인　　(서명 또는 날인)

○○○○행정심판위원회 귀중

별지로 작성하는 보충서면은 첨부한 [양식]을 참고로 하고, 담겨야 할 주요내용은 당연히 피청구인 주장에 대한 답변과 심판청구서의 보충 주장일 될 것이다. 우선 사건명, 사건번호, 청구인, 피청구인은 보충서면 서식과 동일하게 작성하고, '청구인은 다음과 같이 보충서면을 제출합니다.'고 기입한 후 작성을 시작한다.

일단 우선 피청구인이 제출한 답변서를 보고 다툼의 핵심이 되는 주장을 간략하게 정리하여 위원회가 쟁점을 용이하게 파악할 수 있도록 한다. 다음으로 피청구인 주장에 대한 청구인 답변이 있어야 할 것이다. 피청구인은 심판청구서의 청구인 주장에 대해 증거서류를 첨부하여 조목조목 반박할 것이다. 물론 근거법령을 적시하고, 기존 판례 등도 인용할 것이다. 이에 대해 피청구인의 주장을 핵심별로 나누어 소제목으로 재반박하는 내용을 작성하고, 이 재반박 주장을 입증할 수 있는 증거서류를 첨부한다.

염두에 둬야 할 사항은 심판청구서를 작성하면서 논란이 예상되는 심판청구요건의 적법성과 청구인이 명확하게 인식하고 있지 못하는 처분사유에 대해 심판청구서에 담을 것인지 고민할 필요가 있으며 피청구인의 주장과 제시하는 증거를 보고 보충서면에서 주장하여도 늦지 않다고 서술한 바 있다. 논란이 예상되는 내용을 심판청구서에 담았다면 피청구인은 답변서에 이를 반박하는 주장이 포함되어 있을 것이고, 별도로 주장하지 않았는데 피청구인이 답변서에서 논란이 되는 이슈를 처분의 적법·타당성의 근거로 주장할 수도 있다. 여하튼 피청구인이 청구인에게 불리한 주장을 하였다면 재반박하거나 소명할 필요가 있다.

그리고 심판청구서에 담지 못한 주장이나 새로운 주장을 보충한다. 시간의 촉박으로 또는 서류미비 등의 사정으로 심판청구서에 작성하지 못한 경우나 심판청구서 접수 이후 청구인에게 유리한 새로운 사실을 확인한 경우 심판청구서 작성과 마찬가지로 소제목을 달고 단락을 갖춰 작성한다. 마지막으로 증거서류를 첨부한다. 보충서면을 작성하면서 첨부하는 증거서류 목록은 '갑 제○○호증'이라 하여도 무방하지만 심판청구서의 증거서류 목록과 구분할 필요가 있다면 보충서면의 증거서류임을 표시하는 것도 방법이다. 예를 들면 '갑보1 제○○호증'과 같이 첫 번째 보충서면이라는 뜻의 '보1'이라는 표시를 목록 어딘가에 붙이는 것이다.

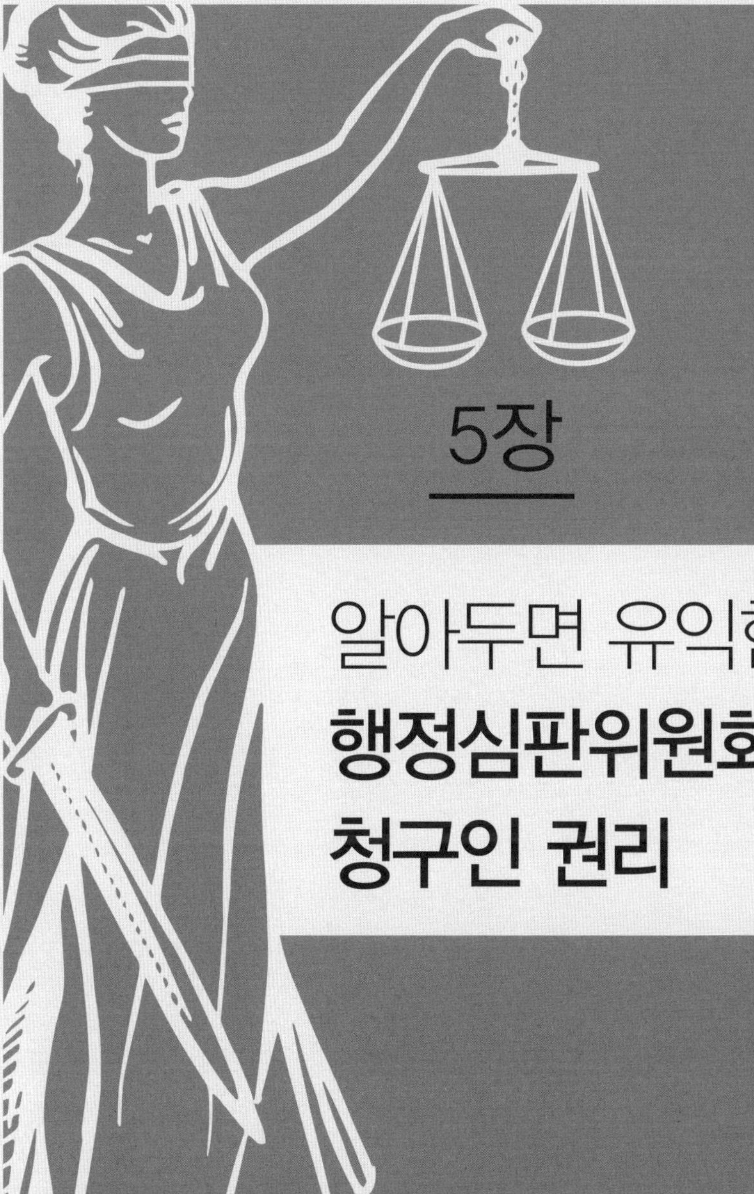

5장

알아두면 유익한 **행정심판위원회 권한**과 **청구인 권리**

01 행정심판위원회의 **권한 활용하기**

1. 위원회는 심리하고 의결하는 권한이 있다

행정심판위원회의 핵심적인 권한은 청구된 사건을 심리하고 의결하는 권한이다. 심리권은 행정심판의 청구에 대하여 행정심판위원회가 행하는 판단, 즉 재결의 기초가 되는 사실관계나 법률관계를 명확하게 하기 위해 청구인과 피청구인 등으로부터 제출된 서면의 주장과 반박을 검토하고 필요할 경우 직접 청취하며 이를 뒷받침할 수 있는 증거나 자료 등을 수집·조사하는 권한이다. 이러한 심리는 주로 서면심리로 하고 구술심리 신청이 있는 경우 허가 여부를 결정한다. 심리의 주된 내용은 요건심리와 본안심리이며 집행정지결정에 관한 심리도 포함한다. 그리고 심판청구가 적법하지 아니하나 보정(補正)할 수 있다고 인정하면 기간을 정하여 청구인에게 보정할 것을 요구하거나 직권으로 보정할 수 있고, 심리의 능률과 합리성을 위해 심판청구를 병합하여 심리하거나 병합된 관련 청구를 분리하여 심리할 수 있다. 심리기일은 위원회가 직권으로 지정하지만 당사자(청구인, 피청구인 등)의 신청에 의하여 변경 가능하다(법 제38조 제1항, 제2항). 청구인 입장에서는 최대한 심리기일 전에 할 수 있는 모든 주장을 해야 하지만 불가피하게 주장에 미진한 부분이 있거나 사건판단에 중대한 영향을 미칠 수 있는 증거서류나 증거물 제출에 시일이 필요하다면 변경신청서를 작성 · 제출하여 심리기일 변경을 요청하여야 한다.

위원회는 심판청구된 사건의 판단을 확정하기 위해 구성원(중앙행정심판위원회의 회의는 위원장, 상임위원 및 위원장이 회의마다 지정하는 비상임위원을 포함하여 총 9명) 과반수의 출석과 출석위원 과반수의 찬성으로 의결한다(법 제8조제5항). 재결은 행정심판법 정의에서 보듯이 판단에 해당하므로 이러한 판단을 확정하는 절차로서의 과정 즉 의결을 거쳐 재결 내용이 결정된다.

2. 위원회의 행정심판 절차에 관한 권한을 활용하자

선정대표자 선정권고(법 제15조)

여러 명의 청구인이 공동으로 심판청구를 할 때에는 청구인들 중에서 3명 이하의 선정대표자를 선정할 수 있으므로 이들을 선정하였을 경우 '선정대표자 선정서'를 위원회에 제출한다. 청구인들이 선정대표자를 선정하지 아니한 경우에 위원회는 필요하다고 인정하면 청구인들에게 선정대표자를 선정할 것을 권고할 수 있으며, 선정대표자는 다른 청구인들을 위하여 그 사건에 관한 모든 행위를 할 수 있으나 심판청구 취하는 다른 청구인의 동의를 받아야 한다. 또 선정대표자가 선정되면 다른 청구인들은 그 선정대표자를 통해서만 그 사건에 관한 행위를 할 수 있다. 선정대표자를 선정한 청구인들은 필요하다고 인정하면 선정대표자를 해임하거나 변경할 수 있다. 여기서 심판청구 취하 동의나 선정대표자 해임 · 변경은 위원회에 서면으로 소명하거나 알려야 한다. 위원회의 선정대표자 선정 권고는 청구인의 권리를 보호하면서도 심판절차를 신속하고 원만한 진행을 위한 권한으로 이해된다. 하지만 이는 권고에 해당하므로 따르지 않았다고 하여 불이익이 있는 것은 아니다.

청구인의 지위 승계 신고 및 허가(법 제16조)

청구인이 사망한 경우에는 상속인이나 그 밖에 법령에 따라 심판청구의 대상에 관계되는 권리나 이익을 승계한 자가 청구인의 지위를 승계하고, 청구인이 법인인 경우 합병(合併)에 따라 소멸하였을 때에는 합병 후 존속하는 법인이나 합병에 따라 설립된 법인이 청구인의 지위를 승계한다. 이렇게 지위 승계한 자는 위원회에 '청구인 지위 승계 신고서'에 그 사유를 작성하여 신고하여야 하는데 신고서에는 사망 등에 의한 권리 · 이익의 승계 또는 합병 사실을 증명하는 서면을 함께 제출하여야 한다. 이 외에 심판청구의 대상과 관계되는 권리나 이익을 양수한 자는 위원회에 '청구인 지위 승계 허가신청서'에 승계인, 승계원인, 증명방법을 작성 · 제출하여 허가를 받아 청구인의 지위를 승계할 수 있다. 위원회의 허가가 있어야 하는 청구인의 지위 승계는 위원회가 당사자와 참가인에게 의견을 제출하도록 할 수 있다.

청구인이 사망하였거나 법인인 청구인이 합병에 따라 소멸하였을 때는 심판청구 절차를 더 이상 진행할 수 없는 경우가 발생한다. 이런 경우 청구인의 권리나 이익을 승계한 자가 행정청의 위법 · 부당한 처분이나 부작위도 승계하여 권익이 침해 될 수 있는데 이에 대한 구제방안으로 청구인의 지위를 승계하여 심판청구를 속행할 수 있도록 한 것이다.

피청구인의 경정 결정(법 제17조)

행정심판은 처분을 한 행정청(의무이행심판의 경우에는 청구인의 신청을 받은 행정청)을 피청구인으로 하여 청구하여야 한다. 다만, 심판청구의 대상과 관계되는 권한이 다른 행정청에 승계된 경우에는 권한을 승계한 행정청을 피청구인으로 하여야 하며, 청구인이 피청구인을 잘못 지정한 경우에는 위원회는 직권으로 또는 당사자의 신청에 의하여 결정으로써 피청구인을 경정(更正)할 수 있다. 경정신청을 하려면 신청취지와 신청이유를 '피청구인 경정 신청서'에 작성하여 위원회에 제출한다.

사회가 복잡 · 다양 · 전문화되면서 행정조직 또한 그에 맞춰 변화하고 있어 청구인 입장에서는 어느 기관이 피청구인인지 알 수 없는 경우가 있다. 청구인이 피청구인을 잘못 지정하여 심판청구한 주장의 판단을 받지 못하거나, 청구기간이 경과하면 구제 받을 기회를 놓치게 된다. 피청구인 경정 제도는 청구인이 이러한 상황에 이르지 않게 하고 권리구제의 길을 보장하기 위해 위원회가 직권으로 경정하거나 심판청구 이후라도 청구인이 피청구인 경정을 신청하여 바로잡을 수 있는 기회를 부여한 것이다.

대리인 선임 신고 및 허가(법 제18조)

여러 사정상 행정심판을 진행하기 곤란한 개인, 법인의 대표자 그리고 전문지식을 갖춘 전문가의 조력을 받기 위해 대리인을 선임하는 경우가 있다. 대리인을 선임하려면 위원회에 신고하거나 허가받아야 하는데 신고만으로 되는 자는 법정대리인(친권자, 후견인 등), 청구인의 배우자, 청구인 또는 배우자의 사촌 이내 혈족, 청구인이 법인이거나 청구인 능력이 있는 법인이 아닌 사단 또는 재단인 경우 그 소속 임직원, 변호사, 다른 법률에 따라 심판청구를 대리할 수 있는 자(공인노무사, 세무사) 등이다. 이들은 '대리인 선임서(위임장)'을 작성하여 위원회에 제출하여야 되고, 이 외의 자를 대리인으로 선임하고자 하면 '대리인 선임 허가신청서'를 위원회에 제출하여 허가받아야 한다. 대리인 선임서나 대리인 선임 허가신청서에는 서식에 따라 대리인이 될 자의 인적사항, 대리인을 선임하려는 이유, 대리인과의 관계를 적고 이를 증명하는 서류를 첨부한다.

심판참가 허가 및 심판참가 요구(법 제20조, 제21조)

행정심판의 결과에 이해관계가 있는 제3자나 행정청은 해당 심판청구에 대한 위원회나 소위원회의 의결이 있기 전까지 그 사건에 대하여 심판참가를 할 수 있으며, 심판참가를 하려는 자가 참가의 취지와 이유를 적은 '심판참가 허가신청서'를 작성하여 당사자의 수만큼 참가신청서 부본을 함께 위원회에 제출하면 위원회는 허가 여부를 결정한다. 이와는 달리 위원회가 필요하다고 인정하면 그 행정심판 결과에 이해관계가 있는 제3자나 행정청에 그 사건 심판에 참가할 것을 요구할 수 있다. 이러한 요구를 받은 제3자나 행정청은 심판에 참가할 것인지 여부를 위원회에 지체 없이 알려야 한다.

당사자가 아닌 제3자에게 심판참가 기회를 부여하는 이유는 심판결과에 따라 제3자의 권리관계에 영향을 미칠 수 있기 때문이다. 법원은 일반적으로 면허나 인허가 등의 수익적 행정처분의 근거가 되는 법률이 해당 업자들 사이의 과당경쟁으로 인한 경영의 불합리를 방지하는 것도 그 목적으로 하고 있는 경우, 다른 업자에 대한 면허나 인허가 등의 수익적 행정처분에 대하여 미리 같은 종류의 면허나 인허가 등의 수익적 행정처분을 받아 영업을 하고 있는 기존의 업자는 경업자에 대하여 이루어진 면허나 인허가 등 행정처분의 상대방이 아니라 하더라도 당해 행정처분의 취소를 구할 당사자적격이 있다(대법원 2018. 4. 26., 선고, 2015두53824, 판결)고 판시하였다. 이 판례는 제3자라 하더라도 행정청이 당사자에게 한 처분에 따라 직접적인 권리관계에 영향을 받는다고 본 것이다. 만일 판례 사례의 신청에 대해 행정청이 거부처분을 하였을 경우 당사자가 심판청구를 하였다면 제3자는 심판결과에 따라 권리관계에 영향을 받을 것이다. 이러한 경우 당사자는 아니더라도 심판에 참가하여 당사자에 준하여 의사를 개진할 필요가 있다고 보아야 한다. 따라서 참가인은 행정심판 절차에서 당사자가 할 수 있는 보충서면·증거서류 등을 제출하거나 구술심리신청 또는 대리인 선임 등 심판절차상의 행위를 할 수 있다.

심판청구 보정 요구 및 직권보정(법 제32조)

위원회는 심판청구가 적법하지 아니하나 보정(補正)할 수 있다고 인정하면 기간을 정하여 청구인에게 보정할 것을 요구할 수 있고 경미한 사항은 직권으로 보정할 수 있다. 청구인은 위원회의 요구를 받으면 서면으로 보정하여야 하고 다른 당사자의 수만큼 보정서 부본을 함께 제출하여야 한다. '보정요구서'에는 사건, 청구인, 피청구인, 보정할 사항, 보정이 필요한 이유, 그 밖에 필요한 사항이 작성되어 있어 이에 따라 청구인은 '심판청구 보정서' 서식에 맞춰 작성하여 위원회가 지정한 기한 내에 접수될 수 있도록 해야 한다.

위원회의 자료제출요구권(법 제35조)

위원회는 사건 심리에 필요하면 관계 행정기관이 보관 중인 관련 문서, 장부, 그 밖에 필요한 자료를 제출할 것을 요구할 수 있고, 사건과 관련된 법령을 주관하는 행정기관이나 그 밖의 관계 행정기관의 장 또는 그 소속 공무원에게 위원회 회의에 참석하여 의견을 진술할 것을 요구하거나 의견서를 제출할 것을 요구할 수도 있다. 위원회가 직권으로 증거조사하면서 당사자나 관계인이 가지고 있는 문서·장부·물건 또는 그 밖의 증거자료의 제출을 요구할 수 있고 필요하면 영치(領置)까지 할 수 있다. 자료제출요구권 규정이 별도로 있는 이유는 사건의 충실한 조사를 위해 자료 요구 대상을 '관계 행정기관'까지 확대하고, 증거조사 규정을 발동하지 않고서도 필요한 자료를 확보할 수 있도록 하기 위함이다. 청구인에게 증거조사신청권은 있으나 자료제출요구권은 부여하고 있지 않으므로 필요하면 관계 행정기관에 정보공개청구를 하거나 자료제출요구권을 발동할 수 있도록 위원회에 요청하는 것도 방법이다.

3. 청구인이 활용하면 유리한 권리를 알아보자

행정심판위원회의 불허가에 대한 이의신청

심판청구의 대상에 관계되는 권리나 이익을 승계(청구인의 지위 승계), 원처분 행정청의 권한이 다른 행정청으로 승계되거나 청구인이 피청구인을 잘못 지정한 경우에 있어 피청구인 경정(피청구인 경정), 행정심판의 결과에 이해관계가 있는 제3자의 심판참가(심판참가), 청구 취지나 이유의 변경(청구의 변경)을 하려면 위원회에 신청하고 허가받아야 한다. 이러한 사안은 위원회의 허가 여부에 따라 청구인이나 심판참가의향자에게 중대한 영향을 미치므로 위원회의 결정 송달을 받은 날부터 7일 이내에 이의신청을 할 수 있는 길을 열어놓았다. 위 사안의 신청에 대한 위원회의 불허가에 이의가 있으면 당사자는 신청대상 결정의 종류, 결정일자, 결정서 수령일, 이의신청 취지와 이유, 소명방법 등을 '행정심판위원회 결정에 대한 이의신청서'를 작성하여 위원회에 제출한다.

위원에 대한 제척·기피신청권(법 제10조)

행정심판은 준사법적 판단의 성격과 행정행위로서의 성격을 함께 가진다. 이에 따라 행정심판기관의 독립성이 보장되어야 하며, 판단의 공정성이 담보되어야 국민으로부터 위원회와 위원회가 행한 재결의 신뢰를 얻을 수 있다. 이런 점에서 공정하지 못한 판단이 예견되는 위원에 대한 청구인의 제척·기피신청권은 당연한 권리이다. 위원회를 구성하는 위원이 심판청구된 사건을 판단하는 데 있어 ① 위원 또는 그 배우자나 배우자이었던 사람이 사건의 당사자이거나 사건에 관하여 공동 권리자 또는 의무자인 경우, ② 위원이 사건의 당사자와 친족이거나 친족이었던 경우, ③ 위원이 사건에 관하여 증언이나 감정(鑑定)을 한 경우, ④ 위원이 당사자의 대리인으로서 사건에 관여하거나 관여하였던 경우, ⑤ 위원이 사건의 대상이 된 처분 또는 부작위에 관여한 경우라면 당연히 제척되어야 할 것이며 이러한 제척은 위원장이 직권으로 또는 당사자의 신청에 의한다. 또 위원에게 공정한 심리·의결을 기대하기 어려운 사정이 있으면 당사자는 위원장에게 기피신청을 할 수 있다. 제척·기피신청은 '행정심판위원회 위원 제척·기피신청서'에 사건명, 청구인, 피청구인을 기재하고 신청취지, 신청원인, 소명방법을 작성하여 위원회에 제출한다.

증거조사신청권(법 제36조)

위원회는 사건을 심리하기 위하여 필요하면 직권으로 또는 당사자의 신청에 의하여 증거조사를 할 수 있다. 증거조사는 ① 당사자나 관계인(관계 행정기관 소속 공무원을 포함한다. 이하 같다)을 위원회의 회의에 출석하게 하여 신문(訊問)하는 방법, ② 당사자나 관계인이 가지고 있는 문서·장부·물건 또는 그 밖의 증거자료의 제출을 요구하고 영치(領置)하는 방법, ③ 특별한 학

식과 경험을 가진 제3자에게 감정을 요구하는 방법, ④ 당사자 또는 관계인의 주소 · 거소 · 사업장이나 그 밖의 필요한 장소에 출입하여 당사자 또는 관계인에게 질문하거나 서류 · 물건 등을 조사 · 검증하는 방법으로 한다.

증거조사는 소속된 행정청의 직원이나 다른 행정기관에 촉탁할 수 있고, 증거조사를 수행하는 사람은 그 신분을 나타내는 증표를 지니고 이를 당사자나 관계인에게 내보여야 하며 피조사자는 조사나 요구에 성실하게 협조하여야 한다. 청구인이 증거조사를 신청하려면 '증거조사 신청서'에 증명할 사실과 증거방법을 구체적으로 작성하고, 증거조사 관련 서류를 첨부하여 위원회에 제출한다. 하지만 증거조사를 신청하더라도 위원회가 반드시 증거조사를 행하는 것은 아니라는 점을 염두에 두고 신청하여야 한다.

행정청인 피청구인을 대상로 옳고 그름을 다투는 것은 여간 어려운 일이 아니다. 피청구인은 상대적으로 많은 사례와 전문가의 조력, 증거 취득 능력 등의 면에서 우위에 있다고 여겨진다. 이러한 피청구인과의 다툼에서 청구인이 주장하는 바를 객관적으로 입증하기 위한 자료가 부족하거나 현장조사 또는 전문가의 증언 · 감정으로 주장이 명백해질 수 있다면 증거조사신청권을 활용할 필요가 있다.

구술심리신청권(법 제40조)

심판청구는 요건을 갖추어 서면으로 하고, 심리는 구술심리나 서면심리로 하며 당사자가 구술심리를 신청한 경우에는 서면심리만으로 결정할 수 있다고 인정되는 경우 외에는 구술심리를 하여야 한다. 청구인이 구술심리를 하고자 하면 신청취지와 이유를 서면('구술심리 신청서')으로 작성하거나 구술로 심리기일 3일 전까지 신청하면 위원회는 그 허가 여부를 결정하여 신청인에게 알려야 한다. 행정심판은 서면을 기본으로 하여 진행하지만 서면만으로는 청구인이 충분한 의견개진이나 증거 등의 제출이 어려운 경우에 활용할 수 있는 제도이다. 하지만 위원회가 서면심리만으로도 결정할 수 있는 사건이라고 판단하면 구술심리를 신청하더라도 허가하지 않을 수 있다.

4. 형편이 어렵다면 국선대리인 선임을 신청하자

청구인의 사정으로 다른 사람의 조력이 필요하면 대리인을 선임하는 경우가 있다. 그런데 청구인이 행정심판을 진행하기 어려워 다른 사람의 조력을 받고자 해도 대리인을 선임할 처지나 여건이 되지 않을 때 국선대리인제도를 활용할 필요가 있다. 국선대리인제도 도입 취지는 침해된 권리를 상대적으로 용이하게 구제받을 수 있는 행정심판제도의 이용마저도 쉽지 않은 사회적 약자에게 실질적 권익구제의 기회를 확대하고 지원하는 데 있다. 이러한 점을 고려하면서 제도의 규정을 살펴보자.

행정심판법에 정한 국선대리인제도는 청구인이 경제적 능력으로 인해 대리인을 선임할 수 없는 경우에 위원회에 국선대리인을 선임하여 줄 것을 신청하면 위원회는 국선대리인 선정 여부에 대한 결정을 하고, 지체 없이 청구인에게 그 결과를 통지하여야 한다. 청구인이 국선대리인 선임 신청을 하더라도 위원회는 심판청구가 명백히 부적법하거나 이유 없는 경우 또는 권리의 남용이라고 인정되는 경우에는 국선대리인을 선정하지 않을 수 있다.

이와 같은 국선대리인 제도는 청구인 스스로 행정심판제도를 이용하기 어려운 경제적 약자를 대상으로 비용부과 없이 무료로 지원한다. 국선대리인제도 지원대상과 제출서류는 아래 표와 같다. 국선대리인 선임을 신청하고자 하면 '국선대리인 선임 신청서'에 사건명, 청구인, 국선대리인 선임 신청 요건을 기입하고 지원대상임을 증빙할 수 있는 서류를 첨부하여 제출하면 된다. 국선대리인 선임 신청은 심리기일 전까지 하여야 하나 피청구인의 답변서 검토, 보충서면 작성 · 제출, 그리고 경우에 따라서 증거조사신청 등 기타 위원회에 신고하거나 허가받아야 하는 절차가 있는 점을 고려할 때 가급적 서두를 필요가 있겠다.

국선대리인 선임 신청 대상자	제출서류
① 「국민기초생활 보장법」 제2조제2호에 따른 수급자	국민기초생활수급자 증명서
② 「한부모가족지원법」 제5조 및 제5조의2에 따른 지원대상자	한부모가족 증명서
③ 「기초연금법」 제2조제3호에 따른 기초연금 수급자	기초연금 수급자 확인서
④ 「장애인연금법」 제2조제4호에 따른 수급자	장애인연금 지급 통지서 등
⑤ 「북한이탈주민의 보호 및 정착지원에 관한 법률」 제2조제2호에 따른 보호대상자	북한이탈주민등록 확인서
⑥ 기타 위원장이 경제적 능력으로 인하여 대리인을 선임할 수 없다고 인정하는 사람	소득금액증명원 등

출처 : 중앙행정심판위원회 홈페이지

국선대리인 선임 신청 대상자 중 ①, ②, ④ 해당자는 행정정보 공동이용 동의서에 동의하면 위원회의 담당공무원이 행정정보공동이용시스템 확인으로 대체되어 취약계층인 신청인의 증빙서류 제출의 부담·불편을 해소하였다. 물론 이에 동의하지 않고 신청인이 직접 관련 서류를 제출해도 된다. ③, ⑤ 경우는 신청인이 해당서류를 제출해야 하며, ⑥의 경우는 소득금액증명, 근로소득자 원천징수영수증, 그 밖에 경제적 능력으로 대리인을 선임할 수 없는 경우에 해당함을 소명하는 증빙서류를 제출해야 한다. 여기서 소득금액증명은 행정정보 공동이용에 동의하면 위원회가 행정정보공동이용시스템으로 확인한다.

국민권익위원회는 국선대리인 활동으로 인용재결된 사례를 소개한 바 있다. '승객의 승차를 거부했다는 이유로 행정청이 청구인에게 택시운수종사자 경고처분을 한 사건에서 국선대리인은 사실관계 입증서류를 적극 제시하며 청구인에게 승객을 승차시킬 수 없는 정당한 사유가 있었다는 점을 주장하여 위원회로부터 처분청의 경고처분이 위법·부당하다'는 재결을 받은 사례이다. 이러한 사례로 볼 때 국선대리인 선임 신청 대상자가 된다면 위원회의 국선대리인 선정 여부를 미리 판단하여 주저하지 말고 일단 신청할 것을 권고한다. 심판청구가 명백히 부적법하거나 이유 없는 경우 또는 권리의 남용이라고 인정되는 경우 위원회는 국선대리인을 선정하지 않을 수 있으나 이는 위원회가 결정할 일이지 신청인이 판단할 문제는 아니다. 게다가 국선대리인은 법률전문가로 구성되어 있고, 또 무료로 지원하고 있기에 경제적인 사유로 변호사 등 대리인 선임이 부담되는 청구인으로서는 매우 큰 도움이 될 수 있다.

■ 행정심판법 시행규칙 [별지 제27호의2서식] <개정 2020. 6. 19.>

국선대리인 선임 신청서

※ [ ]에는 해당되는 곳에 √표시를 합니다.

사건명(사건번호)		
청 구 인	성명	주민등록번호
	주소	
	연락처(전화번호, 휴대전화번호)	
국선대리인 선임 신청 요건	[ ] 1. 「국민기초생활 보장법」 제2조제2호에 따른 수급자 [ ] 2. 「한부모가족지원법」 제5조 및 제5조의2에 따른 지원대상자 [ ] 3. 「기초연금법」 제2조제3호에 따른 기초연금 수급자 [ ] 4. 「장애인연금법」 제2조제4호에 따른 수급자 [ ] 5. 「북한이탈주민의 보호 및 정착지원에 관한 법률」 제2조제2호에 따른 보호대상자 [ ] 6. 그 밖에 위원장이 경제적 능력으로 인하여 대리인을 선임할 수 없다고 인정하는 사람	

「행정심판법」 제18조의2제1항, 같은 법 시행령 제16조의2 및 같은 법 시행규칙 제5조제3항제10호의2에 따라 위와 같이 국선대리인의 선임을 신청합니다.

20 년 월 일

신청인 (서명 또는 인)

○○○**행정심판위원회** 귀중

신청인 첨부 서류		
3.「기초연금법」 제2조제3호에 따른 기초연금 수급자	「기초연금법」 제2조제3호에 따른 기초연금 수급자임을 소명하는 서류	수수료 없음
5.「북한이탈주민의 보호 및 정착지원에 관한 법률」 제2조제2호에 따른 보호대상자	「북한이탈주민의 보호 및 정착지원에 관한 법률」 제2조제2호에 따른 보호대상자임을 소명하는 서류	

행정정보 공동이용 동의서

본인은 이 건의 업무처리와 관련하여 담당공무원이 「전자정부법」 제36조제1항에 따른 행정정보의 공동이용을 통하여 본인에 대한 「행정심판법 시행령」 제16조의2제1항 다음 각 호의 사항을 확인하는 것에 동의합니다(해당되는 곳에 √표시를 합니다).

[ ] 1. 「국민기초생활 보장법」 제2조제2호에 따른 수급자임을 소명하는 서류

[ ] 2. 「한부모가족지원법」 제5조 및 제5조의2에 따른 지원대상자임을 소명하는 서류

[ ] 4. 「장애인연금법」 제2조제4호에 따른 수급자임을 소명하는 서류

[ ] 6. 관련 소명서류 중 국세청 소득금액증명

* 동의하지 않는 경우에는 신청인이 직접 관련 서류를 제출해야 합니다.

신청인 (서명 또는 인)

처리 절차

신청서 작성	→	접수	→	선정 여부 결정	→	통지
신청인		○○행정심판위원회		○○행정심판위원회 위원장		

210㎜×297㎜[백상지(80g/㎡)]

02 행정심판 재결 시 기준이 되는 법의 일반원칙

1. 평등의 원칙 : 같은 것은 같게, 다른 것은 다르게

평등의 원칙은 같은 것을 다르게, 다른 것을 같게 차별하는 것을 금지하는 것이다. 합리적 이유 없이 동일한 사항을 다르게 취급하거나, 다른 사안이라 하더라도 과도하게 차별적인 처분을 하는 것은 평등의 원칙에 반하는 것이다. 이러한 평등의 원칙은 일체의 차별적 대우를 부정하는 절대적인 평등을 의미하는 것은 아니고 법령의 제정과 적용에 있어 합리적인 근거가 없는 차별을 하면 안 된다는 뜻의 상대적 평등을 의미한다. 행정기본법에서는 평등의 원칙에 대해 '행정청은 합리적 이유 없이 국민을 차별하여서는 아니 된다.'고 명시하고 있다.

판례 [서울고법 2016. 1. 15., 선고, 2015누37756, 판결 : 상고]

헌법 제11조제1항은 "모든 국민은 법 앞에 평등하다. 누구든지 성별·종교 또는 사회적 신분에 의하여 정치적·경제적·사회적·문화적 생활의 모든 영역에서 차별을 받지 아니한다."라고 규정하고 있다. 이에 근거를 둔 평등원칙은 본질적으로 같은 것을 자의적으로 다르게 취급함을 금지하는 것으로서, 법령을 적용할 때뿐만 아니라 법령을 제정할 때에도 불합리한 차별취급을 하여서는 안 된다는 것을 뜻한다(대법원 2008. 11. 20. 선고 2007두8287 전원합의체 판결 등 참조). (중략) 평등권의 침해 여부에 관한 판단 기준인 자의금지원칙에 관한 심사요건은 ㉮ 본질적으로 동일한 것을 다르게 취급하고 있는지에 관련된 차별취급의 존재 여부와, ㉯ 이러한 차별취급이 존재한다면 이를 자의적인 것으로 볼 수 있는지 여부라고 할 수 있다.

행정심판례 [국민권익위원회 경남행심2013-16, 2013. 2. 27. 인용]

이미 출생 시부터 선천성이상아라는 사실 상태는 동일함에도 불구하고 출생 후 28일 이내에 선천성이상아로 진단을 받은 경우와 그렇지 못한 경우를 구별하여 의료비 지원 여부를 달리하는 것은 합리적인 근거가 없는 불합리한 차별로써 헌법상 평등의 원칙에 반하여 위법할 뿐만 아니라, 이 사건과 같이 출생 후 28일 이내에 선천성이상아로 진단을 받지 못한 것이 전적으로 해당 의료기관의 귀책사유에 기인한 것임에도 불구하고, 의료비 지원을 받지 못하는 모든 불이익을 청구인에게 부담시키는 것은 부당하다.

하지만 다른 법인이나 사람의 불법적인 행위에 대하여는 문제 삼지 않으면서 유독 본인에게만 불이익 처분하는 것은 평등의 원칙에 위반된다는 주장이 있을 수 있으나 불법적인 행위에 대한 처분의 구제를 청구함에 있어서 평등의 원칙을 요구할 경우 이는 인정되지 않는다.

행정심판례 [국민권익위원회 서행심2013-671, 2013. 9. 9. 기각]

청구인이 운영하는 이 사건 업소에서 영업장 외 영업행위를 하여 「식품위생법」을 위반한 사실이 인정된다. 한편, 청구인은 적발된 장소는 주차장으로 이용하고 있는 사유지로 주민들의 통행에 방해가 되지 않으며, 다른 업소에도 이러한 영업행위를 하고 있음에도 민원을 이유로 이 사건 업소에게만 불이익을 주는 이 사건 처분을 부당하다고 주장하나, 위법행위에 평등의 원칙을 주장하는 것은 받아들이기 어려우며 그 외에 청구인에게 이 사건 처분을 감경할 만한 다른 특별한 사정이 있다고 보이지 않는 바, 피청구인이 위와 같은 법 위반 사실에 대하여 적법한 절차를 거쳐 청구인에게 한 이 사건 처분은 위법하거나 부당하다고 할 수 없다.

2. 법률유보의 원칙 : 행정처분은 법에 근거해야

법률유보의 원칙은 헌법 제37조제2항에 국민의 모든 자유와 권리는 국가안전보장 · 질서유지 또는 공공복리를 위하여 필요한 경우에 한하여 법률로써 제한할 수 있으며, 제한하는 경우에도 자유와 권리의 본질적인 내용을 침해할 수 없다는 규정에 따라 국민의 자유와 권리를 제한하는 처분은 '기본권 제한의 법률유보원칙'에 따라 법률에서 직접 정하거나 법률의 위임에 근거하여 하위법령에서 정하여야 한다는 원칙으로 법률에 근거 없는 행정청

내부의 처리지침이나 행정규칙 그리고 지방의회 조례 등으로 국민의 자유와 권리를 제한하였을 경우에 법률유보원칙에 위배된다. 행정기본법에서는 법치행정의 원칙으로 정하고 있으며, '국민의 권리를 제한하거나 의무를 부과하는 경우와 그 밖에 국민생활에 중요한 영향을 미치는 경우에는 법률에 근거하여야 한다.'고 명시하고 있다.

판례 [서울행법 2019. 10. 10., 선고, 2019구합1784, 판결 : 확정]

헌법상 법치국가 원리에서 비롯된 법률유보의 원칙은 행정이 법률에 근거하여 이루어져야 한다는 것이고, 헌법 제37조제2항은 국민의 모든 자유와 권리는 국가안전보장·질서유지 또는 공공복리를 위하여 필요한 경우에 한하여 법률로써 제한할 수 있다고 규정하고 있으므로, 국민의 자유와 권리를 제한하는 행정처분은 법률에 근거하여야만 한다(대법원 2013. 12. 26. 선고 2011두4930 판결 등 참조). 여기서 기본권 제한에 관한 법률유보원칙은 '법률에 근거한 규율'을 요청하는 것이므로, 그 형식이 반드시 법률일 필요는 없다 하더라도 법률상의 근거는 있어야 한다(헌법재판소 2012. 5. 31. 선고 2010헌마139 전원재판부 결정 등 참조).

판례 [대법원 2020. 11. 26., 선고, 2020두42262, 판결]

'행정규칙'은 상위법령의 구체적 위임이 있지 않는 한 행정조직 내부에서만 효력을 가질 뿐 대외적으로 국민이나 법원을 구속하는 효력이 없다. 다만 행정규칙이 이를 정한 행정기관의 재량에 속하는 사항에 관한 것인 때에는 그 규정 내용이 객관적 합리성을 결여하였다는 등의 특별한 사정이 없는 한 법원은 이를 존중하는 것이 바람직하다. 그러나 행정규칙의 내용이 상위법령에 반하는 것이라면 법치국가원리에서 파생되는 법질서의 통일성과 모순금지 원칙에 따라 그것은 법질서상 당연무효이고, 행정내부적 효력도 인정될 수 없다. 이러한 경우 법원은 해당 행정규칙이 법질서상 부존재하는 것으로 취급하여 행정기관이 한 조치의 당부를 상위법령의 규정과 입법 목적 등에 따라서 판단하여야 한다(대법원 2019. 10. 31. 선고 2013두20011 판결 등 참조).

3. 신의성실의 원칙 : 믿고 성실히 권리행사 · 의무이행 해야

신의성실의 원칙은 민법 제2조제1항, '권리의 행사와 의무의 이행은 신의에 좇아 성실히 하여야 한다.'는 규정에 따른 것으로 "신의칙"이라고도 한다. 이는 모든 사람이 사회공동체의 일원으로 상대방의 이익을 배려하여 형평에 어긋나거나 신뢰를 저버리는 행동으로 권리를 행사하여서는 안 되고, 성실히 행동하여야 한다는 것이다. 대법원은 신의성실의 원칙은 행정청의 법률행위에 대하여는 합법성의 원칙을 고려하여 예외적으로 적용되고, 신의성실의 원칙에 반하는 것은 강행규정에 위배되는 것으로 당사자의 주장이 없더라도 법원은 직권으로 판단할 수 있다고 판시하였다. 행정기본법에서는 신의성실의 원칙에 대해 '행정청은 법령 등에 따른 의무를 성실히 수행하여야 한다.'고 명시하고 있다.

판례 [대법원 2004. 7. 22., 선고, 2002두11233, 판결]

신의성실의 원칙은 법률관계의 당사자는 상대방의 이익을 배려하여 형평에 어긋나거나 신뢰를 저버리는 내용 또는 방법으로 권리를 행사하거나 의무를 이행하여서는 아니 된다는 추상적 규범을 말하는 것으로서, 신의성실의 원칙에 위배된다는 이유로 그 권리의 행사를 부정하기 위하여는 상대방에게 신의를 주었다거나 객관적으로 보아 상대방이 그러한 신의를 가짐이 정당한 상태에 이르러야 하고, 이와 같은 상대방의 신의에 반하여 권리를 행사하는 것이 정의 관념에 비추어 용인될 수 없는 정도의 상태에 이르러야 하고, 일반 행정법률관계에서 행정청의 행위에 대하여 신의칙이 적용되기 위해서는 합법성의 원칙을 희생하여서라도 처분의 상대방의 신뢰를 보호함이 정의의 관념에 부합하는 것으로 인정되는 특별한 사정이 있을 경우에 한하여 예외적으로 적용된다.

판례 [대법원 2015. 3. 20., 선고, 2013다88829, 판결]

신의성실의 원칙 위반 또는 권리남용은 강행규정에 위배되는 것으로서 당사자의 주장이 없더라도 법원은 직권으로 판단할 수 있다(대법원 1995. 12. 22. 선고 94다42129 판결, 대법원 2003. 10. 10. 선고 2001다74322 판결 등 참조).

판례 [대법원 2005. 8. 19., 선고, 2003두9817, 판결]

실권의 법리는 권리자가 권리행사의 기회를 가지고 있음에도 불구하고, 장기간에 걸쳐 그의 권리를 행사하지 아니하였기 때문에 의무자인 상대방이 이미 그의 권리를 행사하지 아니할 것으로 믿을 만한 정당한 사유가 있게 되거나 행사하지 아니할 것으로 추인케 할 경우에 새삼스럽게 그 권리를 행사하는 것이 신의성실의 원칙에 반하는 결과가 될 때 그 권리행사를 허용하지 않는 것을 의미한다(대법원 1988. 4. 27. 선고 87누915 판결 참조).

4. 권한남용금지의 원칙 : 권한은 정당하게 그리고 남용하지 말아야

권한남용금지의 원칙은 민법 제2조제2항, '권리는 남용하지 못한다.'는 규정에 따른 것으로 권리를 행사함에 있어 외관상 적법하게 보이지만 실질에 있어 공공성 · 사회성에 반하면 정당한 권리의 행사로 볼 수 없으며 행정기관은 헌법과 법률에 의하여 부여된 권한을 행사할 때에도 그 권한을 남용하여서는 아니 되고, 그 권한이 법상의 목적과는 다른 공익목적을 위해 행사하는 것 역시 남용에 해당한다. 행정기본법에서도 권한남용금지의 원칙에 대해 '행정청은 행정권한을 남용하거나 그 권한의 범위를 넘어서는 아니 된다.'고 명시하고 있다.

헌재결정례 [전원재판부 2012헌바335, 2013. 5. 30.]

(나) 민법 제2조제2항은 "권리는 남용하지 못한다."라고 규정하고 있는바, 여기서 말하는 '권리의 남용'이란 권리의 행사가 외관상으로는 적법하게 보이지만 실질에 있어서는 권리의 공공성·사회성에 반하거나 권리 본래의 사회적 목적을 벗어난 것이어서 정당한 권리의 행사로 볼 수 없는 것으로 해석할 수 있다. 비록 위 조항에서 '남용'이라는 다소 추상적이고 광범위한 것으로 보이는 용어를 사용하면서 모든 구성요건을 일일이 규정하고 있지는 않으나, 법률조항에서 권리의 남용에 해당하는 모든 경우를 상정하여 규정하는 것은 입법기술상으로 불가능하다. 나아가 어느 권리행사가 권리남용이 되는가의 여부는 개별적이고 구체적인 사안에 따라 사법심사를 통해 판단되어야 할 사안이고(대법원 2003. 11. 27. 선고 2003다40422 판결), 이러한 법원의 판단은 구체적인 상황에 따라 달라질 수 있는데, 법률조항에서 해당 요건을 모두 규정하는 것은 구체적 타당성을 도모하려는 법관의 재량을 지나치게 제한할 수 있다는 측면에서도 바람직하지 않다. 한편, 법원은 권리남용에 해당하기 위한 요건으로서 "권리의 행사가 주관적으로 오직 상대방에게 고통을 주고 손해를 입히려는 데 있을 뿐 이를 행사하는 사람에게는 아무런 이익이 없고, 객관적으로 사회질서에 위반된다고 볼 수 있으면, 그 권리의 행사는 권리남용으로서 허용되지 아니한다."(대법원 2010. 2. 25. 선고 2008다73809 판결; 대법원 2011. 4. 28. 선고 2011다12163 판결 등)라고 판시하여 권리남용에 해당하는 범위를 합리적으로 제한하고 있으므로, 그 적용 범위가 지나치게 광범위하다고 볼 수도 없다

판례 [대법원 2016. 12. 15., 선고, 2016두47659, 판결]

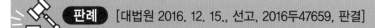

법치국가원리는 국가권력의 행사가 법의 지배 원칙에 따라 법적으로 구속을 받는 것을 뜻한다. 법치주의는 원래 국가권력의 자의적 행사를 막기 위한 데서 출발한 것이다. 국가권력의 행사가 공동선의 실현을 위하여서가 아니라 특정 개인이나 집단의 이익 또는 정파적 이해관계에 의하여 좌우된다면 권력의 남용과 오용이 발생하고 국민의 자유와 권리는 쉽사리 침해되어 힘에 의한 지배가 되고 만다. 법치주의는 국가권력의 중립성과 공공성 및 윤리성을 확보하기 위한 것이므로, 모든 국가기관과 공무원은 헌법과 법률에 위배되는 행위를 하여서는 아니 됨은 물론 헌법과 법률에 의하여 부여된 권한을 행사할 때에도 그 권한을 남용하여서는 아니 된다.

5. 비례의 원칙 : 처분은 적합, 최소, 균형 있게

비례의 원칙은 행정작용에 있어 한계를 두는 것으로 행정의 목적, 수단, 집행에 있어 합리적이어야 한다는 것으로 목적이 정당해야 하고, 목적을 달성하기 위한 수단이 적합해야 하며, 피해를 최소화면서 공익과 사익의 이익형량이 균형적이어야 한다는 것으로 과잉금지의 원칙이라고도 한다.

특히 제재처분은 의무위반의 내용과 제재처분의 양정 사이에 비례관계가 인정되어야 하며, 제재처분이 사회통념에 비추어 현저하게 과중할 경우에는 재량권의 일탈·남용에 해당하여 위법하다.

행정기본법에서는 비례의 원칙에 대해 '행정작용은 ① 행정목적을 달성하는 데 유효하고 적절할 것, ② 행정목적을 달성하는 데 필요한 최소한도에 그칠 것, ③ 행정작용으로 인한 국민의 이익 침해가 그 행정작용이 의도하는 공익보다 크지 아니할 것을 따라야 한다.'고 명시하고 있다.

헌재결정례 [전원재판부 92헌가8, 1992. 12. 24., 위헌]

국가작용 중 특히 입법작용에 있어서의 과잉입법금지의 원칙이라 함은 국가가 국민의 기본권을 제한하는 내용의 입법활동을 함에 있어서 준수하여야 할 기본원칙 내지 입법활동의 한계를 의미하는 것으로서, 국민의 기본권을 제한하려는 입법의 목적이 헌법 및 법률의 체제상 그 정당성이 인정되어야 하고(목적의 정당성), 그 목적의 달성을 위하여 그 방법이 효과적이고 적절하여야 하며(방법의 적정성), 입법권자가 선택한 기본권제한의 조치가 입법목적달성을 위하여 설사 적절하다 할지라도 보다 완화된 형태나 방법을 모색함으로써 기본권의 제한은 필요한 최소한도에 그치도록 하여야 하며(피해의 최소성), 그 입법에 의하여 보호하려는 공익과 침해되는 사익을 비교형량할 때 보호되는 공익이 더 커야 한다(법익의 균형성)는 법치국가의 원리에서 당연히 파생되는 헌법상의 기본원리의 하나인 비례의 원칙을 말하는 것이다.

판례 [대법원 2019. 9. 9., 선고, 2018두48298, 판결]

비례의 원칙은 법치국가 원리에서 당연히 파생되는 헌법상의 기본원리로서, 모든 국가작용에 적용된다(헌법재판소 1992. 12. 24. 선고 92헌가8 전원재판부 결정 참조). 행정목적을 달성하기 위한 수단은 그 목적달성에 유효·적절하고, 또한 가능한 한 최소침해를 가져오는 것이어야 하며, 아울러 그 수단의 도입으로 인한 침해가 의도하는 공익을 능가하여서는 아니 된다(대법원 1997. 9. 26. 선고 96누10096 판결 참조). 특히 처분상대방의 의무위반을 이유로 한 제재처분의 경우 의무위반의 내용과 제재처분의 양정(量定) 사이에 엄밀하게는 아니더라도 대략적으로라도 비례 관계가 인정되어야 하며, 의무위반의 내용에 비하여 제재처분이 과중하여 사회통념상 현저하게 타당성을 잃은 경우에는 재량권 일탈·남용에 해당하여 위법하다고 보아야 한다(대법원 2007. 7. 19. 선고 2006두19297 판결 참조).

판례 [대법원 2010. 1. 14., 선고, 2009두11843, 판결]

과징금을 부과할 때 위반행위의 내용과 정도, 기간과 횟수 외에 위반행위로 인하여 취득한 이익의 규모 등도 아울러 참작하도록 규정하고 있으므로, 과징금의 액수는 당해 위반행위의 구체적 태양 등에 기하여 판단되는 그 위법성의 정도뿐 아니라 그로 인한 이득액의 규모와도 상호 균형을 이루어야 하고, 이러한 균형을 상실할 경우에는 비례의 원칙에 위배되어 재량권의 일탈·남용에 해당할 수가 있다.

6. 신뢰보호의 원칙 : 신뢰하고 한 행위는 보호해야

신뢰보호의 원칙은 행정청의 말과 행동으로 국민이 신뢰하고 행위를 한 경우 그 행위를 보호할 가치가 있는 경우 보호하는 원칙이다. 신뢰보호의 원칙이 성립하기 위해서는 행정청의 공적인 견해표명이 있어야 하고 개인이 그 견해표명을 신뢰하는 데 있어 귀책사유가 없어야 하며, 이에 기초하여 어떠한 행위를 하고 행정청이 당초 견해표명에 반하는 처분을 함으로써 개인의 이익이 침해되는 결과가 초래되어야 한다. 또한 공익 또는 제3자의 정당한 이익을 현저히 해할 우려가 있지 않아야 한다. 하지만 단순히 착오로 어떠한 처분을 계속한 경우는 이에 해당되지 않고, 따라서 처분청이 추후 오류를 발견하여 합리적인 방법으로 변경하는 것은 신뢰보호원칙에 위배되지 않는다.

행정기본법에서는 신뢰보호의 원칙에 대해 '① 행정청은 공익 또는 제3자의 이익을 현저히 해칠 우려가 있는 경우를 제외하고는 행정에 대한 국민의 정당하고 합리적인 신뢰를 보호하여야 한다. ② 행정청은 권한 행사의 기회가 있음에도 불구하고 장기간 권한을 행사하지 아니하여 국민이 그 권한이 행사되지 아니할 것으로 믿을 만한 정당한 사유가 있는 경우에는 그 권한을 행사해서는 아니 된다. 다만, 공익 또는 제3자의 이익을 현저히 해칠 우려가 있는 경우는 예외로 한다.'고 명시하고 있다.

판례 [대법원 2008. 1. 17., 선고, 2006두10931, 판결]

일반적으로 행정상의 법률관계에 있어서 행정청의 행위에 대하여 신뢰보호의 원칙이 적용되기 위하여는, 첫째, 행정청이 개인에 대하여 신뢰의 대상이 되는 공적인 견해표명을 하여야 하고, 둘째, 행정청의 견해표명이 정당하다고 신뢰한 데에 대하여 그 개인에게 귀책사유가 없어야 하며, 셋째, 그 개인이 그 견해표명을 신뢰하고 이에 기초하여 어떠한 행위를 하였어야 하고, 넷째, 행정청이 위 견해표명에 반하는 처분을 함으로써 그 견해표명을 신뢰한 개인의 이익이 침해되는 결과가 초래되어야 하는바, 어떠한 행정처분이 이러한 요건을 충족하는 때에는 공익 또는 제3자의 정당한 이익을 현저히 해할 우려가 있는 경우가 아닌 한 신뢰보호의 원칙에 반하는 행위로서 위법하다(대법원 1999. 3. 9. 선고 98두19070 판결, 대법원 2006. 6. 9. 선고 2004두46 판결 등 참조). 한편, 행정청의 공적 견해표명이 있었는지의 여부를 판단함에 있어서는, 반드시 행정조직상의 형식적인 권한분장에 구애될 것은 아니고, 담당자의 조직상의 지위와 임무, 당해 언동을 하게 된 구체적인 경위 및 그에 대한 상대방의 신뢰가능성에 비추어 실질에 의하여 판단하여야 하고(대법원 1997. 9. 12. 선고 96누18380 판결 등 참조), 그 개인의 귀책사유라 함은 행정청의 견해표명의 하자가 상대방 등 관계자의 사실은폐나 기타 사위의 방법에 의한 신청행위 등 부정행위에 기인한 것이거나 그러한 부정행위가 없더라도 하자가 있음을 알았거나 중대한 과실로 알지 못한 경우 등을 의미한다고 해석함이 상당하고, 귀책사유의 유무는 상대방과 그로부터 신청행위를 위임받은 수임인 등 관계자 모두를 기준으로 판단하여야 한다(대법원 2000. 11. 8. 선고 2001두1512 판결 등 참조).

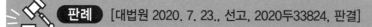

판례 [대법원 2020. 7. 23., 선고, 2020두33824, 판결]

특정 사항에 관하여 신뢰보호원칙상 행정청이 그와 배치되는 조치를 할 수 없다고 할 수 있을 정도의 행정관행이 성립되었다고 하려면 상당한 기간에 걸쳐 그 사항에 관하여 동일한 처분을 하였다는 객관적 사실이 존재할 뿐만 아니라, 행정청이 그 사항에 관하여 다른 내용의 처분을 할 수 있음을 알면서도 어떤 특별한 사정 때문에 그러한 처분을 하지 않는다는 의사가 있고 이와 같은 의사가 명시적 또는 묵시적으로 표시되어야 한다. 단순히 착오로 어떠한 처분을 계속한 경우는 이에 해당되지 않고, 따라서 처분청이 추후 오류를 발견하여 합리적인 방법으로 변경하는 것은 신뢰보호원칙에 위배되지 않는다(대법원 1993. 6. 11. 선고 92누14021 판결 등 참조).

7. 자기구속의 원칙 : 행정관행에 어긋나지 않게

자기구속의 원칙은 행정청이 처분할 때 행정규칙에 정한 바에 의해 반복적으로 시행되어 행정관행이 성립되어 있는 경우 신뢰보호의 원칙과 평등의 원칙에 따라 행정기관은 행정규칙을 따라야 한다는 원칙으로 주로 행정청의 재량이 인정되는 영역에서 적용될 수 있다. 그러나 행정처분이 행정규칙이나 내부지침에 위반되었다고 하여 곧바로 자기구속의 원칙을 위반한 것으로 볼 수는 없으며, 다른 한편 위법한 행정처분이 수차례 반복적으로 행하여졌다 하더라도 그러한 처분이 위법한 것인 때에는 행정청에 대하여 자기구속력을 갖게 된다고 할 수 없다.

판례 [대법원 2009. 12. 24., 선고, 2009두7967, 판결]

[1] 상급행정기관이 하급행정기관에 대하여 업무처리지침이나 법령의 해석적용에 관한 기준을 정하여 발하는 이른바 '행정규칙이나 내부지침'은 일반적으로 행정조직 내부에서만 효력을 가질 뿐 대외적인 구속력을 갖는 것은 아니므로 행정처분이 그에 위반하였다고 하여 그러한 사정만으로 곧바로 위법하게 되는 것은 아니다. 다만, 재량권 행사의 준칙인 행정규칙이 그 정한 바에 따라 되풀이 시행되어 행정관행이 이루어지게 되면 평등의 원칙이나 신뢰보호의 원칙에 따라 행정기관은 그 상대방에 대한 관계에서 그 규칙에 따라야 할 자기구속을 받게 되므로, 이러한 경우에는 특별한 사정이 없는 한 그를 위반하는 처분은 평등의 원칙이나 신뢰보호의 원칙에 위배되어 재량권을 일탈·남용한 위법한 처분이 된다.

판례 [대법원 2009. 6. 25., 선고, 2008두13132, 판결]

일반적으로 행정상의 법률관계에 있어서 행정청의 행위에 대하여 신뢰보호의 원칙이 적용되기 위하여는 행정청이 개인에 대하여 신뢰의 대상이 되는 공적인 견해표명을 하였다는 점이 전제되어야 한다(대법원 1998. 5. 8. 선고 98두4061 판결 등 참조). 그리고 평등의 원칙은 본질적으로 같은 것을 자의적으로 다르게 취급함을 금지하는 것이고, 위법한 행정처분이 수차례에 걸쳐 반복적으로 행하여 졌다 하더라도 그러한 처분이 위법한 것인 때에는 행정청에 대하여 자기구속력을 갖게 된다고 할 수 없다.

8. 부당결부금지의 원칙 : 다른 조건을 결부하지 말아야

부당결부금지의 원칙은 행정기관이 행정작용과 실질적인 관련이 없는 부관, 반대급부, 의무부과 등과 결부시켜서는 안 된다는 행정법상의 원칙이다. 즉 행정기관이 공권력을 행사하면서 실질적인 관련성이 없는 조건 등을 결부시켜 상대방에게 의무를 부과하거나 이행을 강제해서는 안 된다는 것이다. 행정기본법에서 '행정청은 행정작용을 할 때 상대방에게 해당 행정작용과 실질적인 관련이 없는 의무를 부과해서는 아니 된다.'고 명시하고 있다. 하지만 행정작용과 실질적인 관련이 있거나 명시적인 금지규정이 없는 한 공익상 필요한 범위 내에서 적법하고 이행가능 한 조건을 부과하는 것은 부당결부금지의 원칙에 위반된다고 볼 수 없다.

판례 [대법원 2009. 12. 10., 선고, 2007다63966, 판결]

공무원이 인·허가 등 수익적 행정처분을 하면서 상대방에게 그 처분과 관련하여 이른바 부관으로서 부담을 붙일 수 있다 하더라도, 그러한 부담은 법치주의와 사유재산 존중, 조세법률주의 등 헌법의 기본원리에 비추어 비례의 원칙이나 부당결부의 원칙에 위반되지 않아야만 적법한 것인바, 행정처분과 부관 사이에 실제적 관련성이 있다고 볼 수 없는 경우 공무원이 위와 같은 공법상의 제한을 회피할 목적으로 행정처분의 상대방과 사이에 사법상 계약을 체결하는 형식을 취하였다면 이는 법치행정의 원리에 반하는 것으로서 위법하다.

판례 [대법원 2014. 2. 21., 선고, 2012다78818, 판결]

주택재건축사업시행 등의 인가는 상대방에게 권리나 이익을 부여하는 효과를 가진 이른바 수익적 행정처분으로서, 법령에 처분의 요건이 일의적으로 규정되어 있지 아니한 이상 행정청의 재량행위에 속하므로, 인가관청으로서는 법령상의 제한에 근거한 것이 아니라 하더라도 공익상 필요 등에 의하여 필요한 범위 내에서 여러 조건이나 부담을 부과할 수 있다(대법원 2007. 7. 12. 선고 2007두6663 판결 참조). 따라서 정비사업의 시행으로 정비구역 밖에 설치하는 정비기반시설이라 하더라도 사업시행 인가관청이 사업시행인가처분을 하면서 인가조건으로 그 시설을 설치하도록 하는 부담을 부과하고 사업시행자가 그 부담의 이행으로써 이를 설치한 때에는, 그 부관이 다른 법률의 규정에 위반되거나 부당결부금지의 원칙이나 비례의 원칙에 반하여 위법하다고 볼 특별한 사정이 없는 한, 그 인가조건의 내용에 따라 당해 정비기반시설은 무상으로 또는 정산을 거쳐 그 시설을 관리할 국가 또는 지방자치단체에 귀속될 수 있다고 할 것이다.

6장

그래도 더 궁금한 행정심판 제도 Q&A

1 행정심판과 행정소송 동시 진행 가능 여부

행정심판전치주의(행정심판을 제기할 수 있는 경우에는 이에 대한 재결을 거치지 아니하면 취소소송을 제기할 수 없다)가 폐지되면서 개별 법령에 행정심판전치주의를 채택한 경우 외에는 청구인은 기간 내에 행정심판 또는 행정소송을 선택적으로 제기할 수 있고, 동시에 제기할 수도 있다. 이는 행정심판과 행정소송이 별개의 독립된 제도이며, 별개의 기관이 이 제도를 수행하기 때문이다. 행정심판은 행정소송보다 절차가 간편하고 별도의 비용도 없으며 신속하게 결과를 받을 수 있다.

2 행정심판 인용재결이 행정소송 결과와 상이한 경우

행정심판과 행정소송을 선택적으로 제기하거나 동시에 제기할 수 있다. 어느 절차를 밟든 처분 받은 자가 인용재결 받거나 원고승소한 판결이 나온다면 행정청은 그에 따라야 한다. 하지만 문제는 행정심판에서 인용재결은 받았는데 행정소송에서 패소하였을 때, 행정청이 행정소송결과에 근거하여 인용재결의 취지와 달리 처분하였을 경우가 문제이다. 이러한 경우에 대해 행정심판위원회는 '행정심판과 행정소송은 심급제의 상하관계에 있지 아니할 뿐 아니라 제도의 취지, 심리의 범위, 재결 방식 등을 달리하는 별개의 독립된 제도이므로 피청구인인 행정청은 행정소송결과와 상관없이 행정심판법에 따라 인용재결이 있는 경우 그에 기속되어 재결에 따른 처분을 하여야 할 의무가 있으므로 행정심판재결의 내용이 행정소송의 판결내용과 다르다는 것이 거부처분 취소재결의 기속력을 부인할 수 있는 사유라고 할 수 없다(국민권익위원회 2010-00814, 2010.08.17., 인용).'고 재결하였다. 즉 행정심판법의 '심판청구를 인용하는 재결은 피청구인과 그 밖의 관계 행정청을 기속(羈束)한다.'에 근거하여 행정소송의 결과와 관계없이 행정청은 위원회의 인용재결을 따라야 한다는 의미이다.

3 행정심판전치주의 폐지가 모든 처분에 적용되는지

처분의 근거가 되는 법률에 특별한 규정을 두어 행정심판전치주의를 채택하고 있다면 그에 따라야 할 것이다. 예를 들면 ① 공무원에 대한 징계 기타 불이익처분, ② 각종 세법상의 처분(다만 지방세법상의 처분은 제외), ③ 노동위원회의 결정, ④ 토지수용에 대한 토지수용위원회의 재결처분, ⑤ 자동차운전면허취소처분 등 도로교통법상의 처분 등이 있다.

행정소송 전에 행정심판의 재결을 거쳐야 하는 경우라 하더라도 ① 행정심판 청구가 있은 날로부터 60일이 지나도 재결이 없는 때, ② 처분의 집행 또는 절차의 속행으로 생길 중대한 손해를 예방하여야 할 긴급한 필요가 있는 때, ③ 법령의 규정에 의한 행정심판기관이 의결 또는 재결을 하지 못할 사유가 있는 때, ④ 그 밖의 정당한 사유가 있는 때에는 행정소송을 제기할 수 있다.

또 행정심판 제기 없이 바로 소송할 수 있는 경우도 있다. ① 동종사건에 관하여 이미 행정심판의 기각재결이 있은 때, ② 서로 내용상 관련되는 처분 또는 같은 목적을 위하여 단계적으로 진행되는 처분 중 어느 하나가 이미 행정심판의 재결을 거친 때, ③ 행정청이 사실심의 변론종결 후 소송의 대상인 처분을 변경하여 당해 변경된 처분에 관하여 소를 제기하는 때, ④ 처분을 행한 행정청이 행정심판을 거칠 필요가 없다고 잘못 알린 때이다.

4 '다른 법률에 특별한 규정이 있는 경우'에 해당하는 위원회는

행정심판법에는 행정청의 처분 또는 부작위에 대하여는 '다른 법률에 특별한 규정이 있는 경우' 외에 행정심판법에 따라 행정심판을 청구할 수 있도록 하여 다른 법률에 관련 규정이 있다면 그 법에 따라야 한다. 특별한 행정불복절차(특별행정심판)에 해당하는 사안과 심판기관은 다음과 같다.(중앙행정심판위원회 홈페이지 참고)

해당 사안	심판기관
• 국세, 지방세, 관세의 부과와 징수 관련 처분	조세심판원
• 실업급여, 육아휴직급여, 출산전후휴가급여, 피보험자격 취득·상실확인 관련 처분	고용보험심사위원회(고용노동부 소속)
• 산업재산권(특허·실용신안·의장·상표) 등 관련 처분	특허심판원
• 산재보험의 보험급여, 약재비, 진료비 등 관련 처분	산재보상보험심사위원회(고용노동부 소속)
• 건강보험의 가입자격, 보험료, 보험급여 및 요양급여비용 등 관련 처분	건강보험분쟁조정위원회(보건복지부 소속)
• 토지 등의 수용·사용·보상 재결, 개발부담금 부과·징수	중앙토지수용위원회(국토교통부 소속)
• 독점규제, 공정거래, 약관의 규제 등 공정거래위원회의 처분	공정거래위원회
• 공무원의 징계처분 기타 그 의사에 반하는 처분	소청심사위원회
• 공무원연금법(군인연금법)에 따른 급여 결정, 기여금징수 등	공무원(군인)연금급여재심위원회
• 군인사법에 따른 군인의 징계처분 등	중앙군인사소청심시위원회, 군인사소청심사위원회, 항고심사위원회
• 광업권, 조광권 관련 처분	광업조정위원회(산업통상자원부 소속)

출처 : 중앙행정심판위원회 홈페이지

5 행정심판의 재결에 승복할 수 없다면

심판청구에 대한 재결이 있으면 그 재결 및 같은 처분 또는 부작위에 대하여 다시 행정심판을 청구할 수 없다. 따라서 행정심판의 재결에 승복할 수 없다면 행정소송을 제기하여야 한다. 이때 행정소송은 재결이 있음을 안 날부터 90일 이내에 제기하여야 하고, 그 대상은 원처분과 재결이다. 취소소송은 원칙적으로 행정청의 원처분을 대상으로 하지만 예외적으로 행정심판위원회의 재결 자체에 고유한 위법이 있음을 이유로 하는 경우에는 재결취소소송을 제기할 수 있다.

6 피청구인(행정청)이 행정심판 재결에 불복할 수 있는지

심판청구를 인용하는 재결은 피청구인인 행정청과 그 밖의 관계 행정청을 기속(羈束)한다. 따라서 피청구인인 행정청은 재결의 취지에 따라 원처분을 취소하거나 변경할 의무가 있다. 하지만 피청구인인 행정청은 재결에 불복할 수 없다.

행정심판 재결은 피청구인인 행정청과 그 밖의 관계행정청을 기속하므로 인용재결이 있으면 피청구인인 행정청은 재결의 내용에 따라 처분을 취소내지 변경할 의무가 있으며 이에 불복할 수 없다. 게다가 재결의 취지와 다르게 같은 처분을 되풀이해서는 안 된다. 피청구인은 재결에 불만이 있더라도 행정소송을 제기할 수 없으나 청구인은 재결에 불복이 있으면 행정소송을 제기할 수 있다.

7 원처분보다 더 불리하게 재결할 수 있는지

원심판결에 불복하여 상소할 경우 상소심이 오히려 상소인에게 불리하게 판결할 수 있다면 상소를 단념할 수 있고, 이러할 경우 상소권 행사가 위축될 수 있어 원심판결 형보다 중한 형을 선고하지 못한다는 것이 불이익변경금지 원칙이다. 행정심판제도의 구제기능을 활성화를 위하여 행정심판에서도 이 원칙을 채택하고 있다. 행정심판법에는 '위원회는 심판청구의 대상이 되는 처분보다 청구인에게 불리한 재결을 하지 못한다'고 규정하고 있다.

8 상당 기간이 지난 후에도 행정처분을 받을 수 있는지

행정청이 법 위반 사실을 알고도 장기간 제재조치를 하지 않거나 법 위반 사실 발생 후 수년이 지난 후에도 아무런 제한 없이 언제든지 제재를 할 수 있다면 위반행위를 한 자는 불안상태가 기한 없이 지속될 수 있고, 또 처분이 없는 것으로 믿었는데 뒤늦게 처분 받는다면 쉬이 수용할 수 없을 것이다. 이와 관련한 사례로 법원은 '택시운전사가 1983. 4. 5. 운전면허정지기간중의 운전행위를 하다가 적발되어 형사처벌을 받았으나 행정청으로부터 아무런 행정조치가 없어 안심하고 계속 운전업무에 종사하고 있던 중 행정청이 위 위반행위가 있은 이후에 장기간에 걸쳐 아무런 행정조치를 취하지 않은 채 방치하고 있다가 3년여가 지난 1986. 7. 7.에 와서 이를 이유로 행정제재를 하면서 가장 무거운 운전면허를 취소하는 행정처분을 하였다면 이는 행정청이 그간 별다른 행정조치가 없을 것이라고 믿은 신뢰의 이익과 그 법적안정성을 빼앗는 것이 되어 매우 가혹할 뿐만 아니라 비록 그 위반행위가 운전면허취소사유에 해당한다 할지라도 그와 같은 공익상의 목적만으로는 위 운전사가 입게 될 불이익에 견줄 바 못된다 할 것이다(대법원 1987. 9. 8., 선고, 87누373, 판결).'고 판시하며 뒤늦게 처분 받은 운전자의 손을 들어주었다.

2023. 3. 24. 시행하는 행정기본법의 관련 조항을 보면, 거짓이나 그 밖의 부정한 방법으로 인허가를 받거나 신고를 한 경우나 당사자가 인허가나 신고의 위법성을 알고 있었거나 중대한 과실로 알지 못한 경우 등의 해당하지 않는 한 '행정청은 법령등의 위반행위가 종료된 날부터 5년이 지나면 해당 위반행위에 대하여 제재처분(인허가의 정지 · 취소 · 철회, 등록 말소, 영업소 폐쇄와 정지를 갈음하는 과징금 부과)을 할 수 없다.'고 명시하고 있다.

9 위반 시점의 근거법률이 처분 시점에 바뀌었다면

어느 시점의 위반행위를 행정청이 적발하고 처분하였는데 문제는 위반행위 이후 행정처분하기 전에 처분의 근거법령이 개정된 경우가 종종 있다. 개정된 법률의 처분이 더 강화될 수도, 더 완화될 수도 있다. 어떻게 개정되었건 피처분자 입장에서 더 엄격한 처분을 받을 경우 불만이 있을 수 있다. 그렇다면 제재처분은 어느 시점을 기준으로 하는가의 문제이다. 이러한 법 적용의 기준 문제에 대해 행정기본법에서는 '법령등을 위반한 행위의 성립과 이에 대한 제재처분은 법령등에 특별한 규정이 있는 경우를 제외하고는 법령등을 위반한 행위 당시의 법령등에 따른다. 다만, 법령등을 위반한 행위 후 법령등의 변경에 의하여 그 행위가 법령등을 위반한 행위에 해당하지 아니하거나 제재처분 기준이 가벼워진 경우로서 해당 법령등에 특별한 규정이 없는 경우에는 변경된 법령등을 적용한다.'고 명시하고 있다. 즉 제재처분은 원칙적으로 법령등을 위반한 행위 당시의 법령등을 기준으로 한다. 그런데 그 적용 법령등의 개정으로 처분대상이 아니게 되거나 가벼워진 경우에는 변경된 법령등을 적용한다.

10 처분 전 의견제출을 하였는데 처분 후 이의신청을 할 수 있는지

행정청에 단순히 이견을 제출하는 경우도 있고, 법적 근거에 따라 이의신청하는 경우도 있는데 일반적으로 통상 '이의신청'이라 칭하고 있다. 여기서 관심 갖는 이의신청은 개별 법률에 따라 행정심판의 다른 표현으로 쓰는 경우가 있는데, 이 경우 처분 전에 의견제출을 하였더라도 처분 후 이의신청을 할 수 있다. 이는 개별 법률에서 어떻게 정하고 있느냐에 따라 판단하여야 할 문제이다. 현재는 행정청이 처분 전에 의견제출을 받고, 처분 후에는 이의신청을 별도로 받지 않는 것이 일반적이다.

행정기본법에서 2023. 3. 24. 시행되는 '처분에 대한 이의신청' 규정을 보면, ① 행정심판의 대상이 되는 처분에 이의가 있는 당사자는 처분을 받은 날부터 30일 이내에 해당 행정청에 이의신청을 할 수 있고, ② 이의신청을 받으면 그 신청을 받은 날부터 14일 이내에 그 이의신청에 대한 결과를 신청인에게 통지하여야 하며, ③ 이의신청을 한 경우에도 그 이의신청과 관계없이 행정심판법에 따른 행정심판 또는 행정소송법에 따른 행정소송을 제기할 수 있으며, ④ 이의신청에 대한 결과를 통지받은 후 행정심판 또는 행정소송을 제기하려는 자는 그 결과를 통지받은 날부터 90일 이내에 행정심판 또는 행정소송을 제기할 수 있다.

하지만 ① 공무원 인사 관계 법령에 따른 징계 등 처분에 관한 사항, ② 진정에 대한 국가인권위원회의 결정, ③ 노동위원회의 의결을 거쳐 행하는 사항, ④ 형사, 행형 및 보안처분 관계 법령에 따라 행하는 사항, ⑤ 외국인의 출입국·난민인정·귀화·국적회복에 관한 사항, ⑥ 과태료 부과 및 징수에 관한 사항에 대하여는 '처분에 대한 이의신청' 규정을 적용하지 않는다.

11 이의신청을 거친 경우 행정심판을 제기할 수 있는지

이의신청은 ① 행정심판에 갈음하는 경우, ② 행정심판과 이의신청을 모두 제기할 수 있는 경우, ③ 단지 의견청취 수단인 경우 등으로 구분하여 볼 수 있는데 ①은 이미 행정심판 절차를 거친 것으로 보아 다시 행정심판을 청구할 수 없을 것이고, ②는 선택적으로 절차를 밟을 수 있을 것이며, ③은 행정청 스스로 시정할 수 있는 의견청취절차로 이는 행정심판의 대상이 아닌 것으로 본다. 따라서 처분 받았을 때 그 처분의 근거법령에 이의신청이 어떻게 규정되어 있느냐에 따라 행정심판을 제기할 수 있는지 여부나 행정심판 대상 여부를 판단하여야 할 것이다.

①의 사례를 보면, '법무부 변호사징계위원회는 대한변호사협회 변호사징계위원회의 변호사 징계결정에 대한 이의신청이라는 전문성과 특수성이 있는 사안을 심사하기 위하여 법무부에 두는 특별행정심판위원회이고, 법무부 변호사징계위원회의 결정은 행정심판에 대한 재결이라고 할 것(국민권익위원회 2020-08670, 2020. 11. 17., 각하 참조)'이므로 이미 행정심판을 거친 경우이고, ③의 사례를 보면, '이의신청 절차는 처분청이 신제품(NEP) 인증심사 신청 사항을 다시 심사하여 잘못이 있는 경우 스스로 이를 시정하도록

한 절차인 바, 이 사건 통보는 종전의 신제품(NEP) 인증 거부처분을 그대로 유지하는 것으로서 청구인의 이의신청이 받아들여지지 않았다는 내용을 안내하는 것에 불과하여 그 자체로 청구인의 법률상 지위나 권리·의무에 직접적인 변동을 가져오는 것이 아니라 할 것이므로, 이 사건 심판청구는 행정심판의 대상이 아닌 사항에 대하여 제기된 부적법한 청구이다(국민권익위원회 2019-18788, 2020. 6. 9., 각하)고 위원회는 재결하였다.

12 청문 실시 통지를 받았는데 청문 절차와 미리 알아둘 사항은

행정절차법에 따르면 청문의 실시는 다른 법령 등에서 청문을 하도록 규정하고 있거나 행정청이 필요하다고 인정하는 경우 또는 인허가 등의 취소, 신분·자격의 박탈, 법인이나 조합 등의 설립허가 취소 처분 시 당사자의 신청이 있는 경우이며, 주요절차는 ① 청문실지통지, ② 청문실시, ③ 청문조서작성, ④ 청문조서의 열람 및 확인, ⑤ 청문조서의 정정, ⑥ 청문주재자의견서작성, ⑦ 행정청의 검토 및 처분의 순서로 진행된다.

청문은 통상 청문 주재자의 주재하에 행정청과 당사자 등이 참석하여 진행하고, 청문의 진행(행정절차법 제31조)은 청문 주재자가 청문을 시작할 때에는 먼저 예정된 처분의 내용, 그 원인이 되는 사실 및 법적 근거 등을 설명하며, 당사자 등은 의견을 진술하고 증거를 제출할 수 있으며, 참고인이나 감정인 등에게 질문할 수 있다. 그리고 당사자 등이 의견서를 제출한 경우에는 그 내용을 출석하여 진술한 것으로 본다.

당사자가 알아두면 청문 진행 시 활용할 수 있는 몇 가지 제도를 살펴보면, ① 청문 주재자에게 공정한 청문 진행을 기대하기 어렵다면 기피신청을 할 수 있고(행정절차법 제29조), ② 청문 주재자는 증거조사(문서 · 장부 · 물건 등 증거자료의 수집, 참고인 · 감정인 등에 대한 질문, 검증 또는 감정 · 평가, 그 밖에 필요한 조사) 권한이 있으므로 필요한 경우 증거조사 신청할 수 있으며(행정절차법 제33조), ③ 청문 주재자가 작성한 청문조서의 내용을 열람 · 확인하고, 이의가 있을 때에는 정정을 요구할 수 있다(행정절차법 제34조). ④ 또 당사자 등은 청문의 통지가 있는 날부터 청문이 끝날 때까지 행정청에 해당 사안의 조사결과에 관한 문서와 그 밖에 해당 처분과 관련되는 문서의 열람 또는 복사를 요청할 수 있다(행정절차법 제37조). 청문에서 이러한 제도를 잘 활용하면 당사자 주장이 좀 더 반영될 수 있는 성과로 이어질 수 있다.

13 경고처분도 행정심판을 청구할 수 있는지

행정청은 일반적으로 경미한 과오에 대해 경고처분을 행하는 경우가 있는데 이는 권고나 지도 또는 촉구의 의미를 갖는다고 볼 수 있다. 하지만 행정처분기준에서 정한 경고처분의 경우는 위반횟수로 계산되고 동일한 위반을 했을 때는 처분이 가중된다. 권리 · 의무에 직접 영향을 미치는 처분은 행정심판의 대상이 되므로 행정청의 단순 권고 · 지도 · 촉구로서의 경고는 행정심판의 대상이 될 수 없으나 향후 처분이 가중되는 경고는 행정심판의 대상이 된다.

14 과태료 부과처분이 행정심판 대상인지

질서위반행위규제법에 따르면 행정청의 과태료 부과에 불복하는 당사자는 과태료 부과 통지를 받은 날부터 60일 이내에 해당 행정청에 서면으로 이의제기를 할 수 있고, 이의제기가 있는 경우에는 그 과태료 부과처분은 효력을 상실하며, 이의제기를 받은 행정청은 이의제기를 받은 날부터 14일 이내에 이에 대한 의견 및 증빙서류를 첨부하여 관할 법원에 통보하여야 하고, 그 통보를 받은 관할 법원은 이유를 붙인 결정으로써 과태료 재판을 한다고 정하고 있고, 과태료의 부과·징수, 재판 및 집행 등의 절차에 관한 다른 법률의 규정 중 이 법의 규정에 저촉되는 것은 이 법으로 정하는 바에 따른다고 규정하고 있다. 과태료의 부과 여부 및 그 당부는 최종적으로 질서위반행위규제법에 의한 절차에 의하여 판단되어야 한다고 할 것이므로, 그 과태료 부과처분은 행정청을 피고로 하는 행정소송의 대상이 되는 행정처분이라고 볼 수 없다(대법원 2012. 10. 11., 선고, 2011두19369, 판결). 질서위반행위규제법에 따른 과태료 부과처분은 행정처분으로 볼 수 없어 이를 대상으로 한 행정심판 청구는 심판청구요건을 갖추지 못한 부적법한 청구가 된다. 따라서 이의가 있다면 60일 이내에 과태료를 부과한 행정청에 이의제기를 하여야 한다.

15 범칙금 통고처분을 받았는데 행정심판 청구가 가능한지

도로교통법 위반으로 범칙금 통고처분 관련 규정을 보면, 경찰서장 또는 제주특별자치도지사는 범칙자로 인정하는 사람에 대하여는 이유를 분명하게 밝힌 범칙금 납부통고서로 범칙금을 낼 것을 통고할 수 있고, 범칙금 납부통고서를 받은 사람은 10일 이내에 경찰청장이 지정하는 금융회사 등에 범칙금을 내야 하며, 범칙금을 낸 사람은 범칙행위에 대하여 다시 벌 받지 아니하고, 경찰서장은 납부기간에 범칙금을 납부하지 아니한 사람 등에 대하여는 지체 없이 즉결심판을 청구하여야 한다고 되어 있다. 그리고 즉결심판은 관할경찰서장 또는 관할해양경찰서장이 관할법원에 이를 청구한다고 되어 있으므로 범칙금 통고처분은 '다른 법률에 특별한 규정이 있는 경우'에 해당하여 행정심판 청구를 하더라도 부적법한 청구가 된다.

16 정보공개 거부처분에 대해 행정심판 청구가 가능한지

공공기관의 정보공개에 관한 법률에 따르면, 모든 국민은 정보의 공개를 청구할 권리를 가지고 있고, 공공기관이 보유·관리하는 정보는 국민의 알 권리 보장 등을 위하여 이 법에서 정하는 바에 따라 적극적으로 공개하여야 한다. 다만 ① 법률에 따라 비밀이나 비공개 사항으로 규정된 정보, ② 공개될 경우 국가의 중대한 이익을 현저히 해칠 우려가 있다고 인정되는 정보, ③ 공개될 경우 국민의 생명·신체 및 재산의 보호에 현저한 지장을 초래할 우려가 있다고 인정되는 정보, ④ 재판이나 범죄에 관한 사항으로서 공개될 경우 직무수행이 곤란하거나 권리를 침해할 수 있는 정보, ⑤ 업무의 공정한 수행이나 연구·개발에 현저한 지장을 초래한다고 인정할 만한 상당한 이유가 있는 정보, ⑥ 사생활의 비밀 또는 자유를 침해할 우려가 있다고 인정되는 정보, ⑦ 법인 등의 정당한 이익을 현저히 해칠 우려가 있다고 인정되는 정보, ⑧ 특정인에게 이익 또는 불이익을 줄 우려가 있다고 인정되는 정보는 공개하지 않을 수 있어 때로는 필요한 정보를 확보하지 못할 수 있다. 이에 대한 불복 구제 절차로 해당 공공기관에 이의신청을 할 수 있고, 행정심판 또는 행정소송을 제기할 수도 있다.

행정심판과 관련하여 정보공개법에는 청구인이 정보공개와 관련한 공공기관의 결정에 대하여 불복이 있거나 정보공개 청구 후 20일이 경과하도록 정보공개 결정이 없는 때에는 이의신청 절차를 거치지 않아도 행정심판법에서 정하는 바에 따라 행정심판을 청구할 수 있도록 정하고 있다.

17 음주운전으로 받은 운전면허 취소나 정지 처분도 감경받을 수 있는지

도로교통법에 따르면 운전면허의 취소처분 또는 정지처분에 대하여 이의가 있는 사람은 60일 이내에 시·도경찰청장에게 이의신청을 할 수 있고, 이의신청과 관계없이도 행정심판을 청구할 수 있으나, 행정소송은 행정심판의 재결을 거치지 아니하면 제기할 수 없도록 하여 행정심판전치주의를 택하고 있다.

이의신청 시 음주운전으로 받은 처분을 감경받을 수 있는지 그 사유는 무엇인지를 살펴보자. 도로교통법 시행규칙 [별표 28] 운전면허 취소·정지처분 기준에서 감경사유는 ① 운전이 가족의 생계를 유지할 중요한 수단이 되거나, ② 모범운전자로서 처분 당시 3년 이상 교통봉사활동에 종사하고 있거나, ③ 교통사고를 일으키고 도주한 운전자를 검거하여 경찰서장 이상의 표창을 받은 사람으로 이러한 사유를 적극 소명할 필요가 있다. 하지만 이상의 기준에 따른 감경사유를 인정받기 위해서는 ① 혈중알코올농도가 0.1퍼센트를 초과하여 운전한 경우, ② 음주운전 중 인적피해 교통사고를 일으킨 경우, ③ 경찰관의 음주측정요구에 불응하거나 도주한 때 또는 단속경찰관을 폭행한 경우, ④ 과거 5년 이내에 3회 이상의 인적피해 교통사고의 전력이 있는 경우, ⑤ 과거 5년 이내에 음주운전의 전력이 있는 경우가 없어야 한다. 감경사유는 이의신청뿐 아니라 행정심판 재결에 중요한 참고가 되는 만큼 이를 주장하기 위한 관련 자료와 사유를 충실하게 준비하여야 한다. 또한 이의신청에서 신청자의 주장이 받아들여지지 않은 경우 행정심판을 청구하여 다툴 수 있고, 아예 처음부터 행정심판을 제기할 수 있으니 선택적으로 유리한 절차를 밟으면 된다.

참고로 행정심판을 청구하는 경우 감경을 구하는 취지라면 앞서 기술한 감경사유를 참고하여 ① 운전을 하게 된 경위(음주운전을 하게 된 경위), ② 운전면허가 필요한 이유(직업과의 관련성, 장애, 가족 중에 환자가 있음 등), ③ 재산상황(주거의 종류, 수입, 부채 등)과 가족관계 등을 기재하고, 이를 증명할 수 있는 서류(재직증명서, 장애인증 사본, 전세계약서 사본 등)를 첨부하여 제출한다.

18 처분이 있음을 안 날이란

행정심판은 원칙적으로 처분이 있음을 알게 된 날부터 90일 이내에 청구하여야 한다. 하지만 천재지변, 전쟁, 사변(事變), 그 밖의 불가항력으로 인하여 90일 이내에 심판청구를 할 수 없었을 때에는 그 사유가 소멸한 날부터 14일 이내(국외에서의 경우에는 30일 이내)에 행정심판을 청구할 수 있다. 이 기간이 지나서 심판청구를 하였을 때에는 심판청구요건을 갖추지 못한 청구가 된다. 여기서 '처분이 있음을 안 날'에 대해 법원은 '처분이 있음을 안 날'이라 함은 당사자가 통지·공고 기타의 방법에 의하여 당해 처분이 있었다는 사실을 현실적으로 안 날을 의미하고, 추상적으로 알 수 있었던 날을 의미하는 것은 아니지만, 처분에 관한 서류가 당사자의 주소지에 송달되는 등 사회통념상 처분이 있음을 당사자가 알 수 있는 상태에 놓여진 때에는 반증이 없는 한 그 처분이 있음을 알았다고 추정할 수 있다(대법원 1999. 12. 28., 선고, 99두9742, 판결)고 판시한 바 있다. 처분이 있음을 안 날은 현실적으로 안 날이나 알 수 있는 상태에 놓여진 때라 보고 있다. 하지만 통지서를 보통우편으로 발송한 후 상당 기간이 경과된 후에도 그 통지서가 반송되지 않았다는 사실만으로 당사자에게 배달되었다고 볼 수는 없다.

19 처분이 있는 날이란

행정심판은 처분이 있었던 날부터 180일 이내에 제기하여야 하지만 정당한 사유가 있는 경우에는 180일이 지나도 제기할 수 있다. 상대방 있는 행정처분은 특별한 규정이 없는 한 의사표시에 관한 일반법리에 따라 상대방에게 고지되어야 효력이 발생하고, 상대방 있는 행정처분이 상대방에게 고지되지 아니한 경우에는 상대방이 다른 경로를 통해 행정처분의 내용을 알게 되었다 하더라도 행정처분의 효력이 발생한다고 볼 수 없으며, '처분 등이 있은 날'은 그 행정처분의 효력이 발생한 날을 의미한다. 이러한 법리는 행정심판의 청구기간에 관해서도 마찬가지로 적용된다(대법원 2019. 8. 9., 선고, 2019두38656, 판결, 참조). 즉 처분이 있는 날이란 적법 절차에 따라 처분이 외부에 표시되거나 상대방에게 송달되어 그 효력이 발생한 날을 의미하고, 여기서 외부에 표시된 방법으로 통지 · 공고 등으로 처분을 한 경우 상대방이 그 처분에 대하여 인식한지 여부와 관련 없이 처분의 효력이 발생한 날을 뜻한다.

20 심판청구 기간을 잘못 알려(오고지)주었거나 알려주지 않았다(불고지)면

행정심판법에 따르면 행정청이 심판청구 기간을 90일 이내 청구하여야 하는 기간보다 긴 기간으로 잘못 알린 경우 그 잘못 알린 기간에 심판청구가 있으면 그 행정심판은 90일 이내에 청구된 것으로 본다. 그런데 60일 이내 청구하여야 한다고 법정청구기간보다 짧게 고지받은 경우에는 법에서 정한 바에 따라 90일 이내에 청구하면 된다.

또 행정심판법에서 행정청이 심판청구 기간을 알리지 아니한 경우에는 180일 이내에 심판청구를 할 수 있다고 정하고 있다. 여기서 행정청이 기간을 알리지 않은 경우 청구인이 처분이 있는 것을 알았는지의 여부는 문제되지 않는다. 또한 정당한 사유가 있는 경우 180일을 지나서도 심판청구가 가능한데, 특히 제3자인 경우 행정청이 제3자에게 통지하도록 하는 규정도 없고, 또 알 수 있는 특별한 사정도 없어 행정처분이 있는 것을 몰랐다면 180일이 지나서도 심판청구를 할 수 있다.

21 불고불리의 원칙이란

법원은 소송의 제기가 없으면 재판할 수 없고, 소송의 제기가 있더라도 당사자가 청구한 사항에 대하여 청구의 범위 내에서 심리 · 판단하여야 한다는 소송법상의 원칙이다. 원칙적으로 행정심판제도에서도 불고불리의 원칙을 채택하고 있다. 행정심판법에서도 '위원회는 심판청구의 대상이 되는 처분 또는 부작위 외의 사항에 대하여는 재결하지 못한다'고 명시하고 있다. 위원회는 행정심판 청구가 있어야 심리 · 판단을 할 수 있지만 필요하면 당사자가 주장하지 아니한 사실에 대하여도 직권으로 심리가 가능하고, 직권 보정이나 자료의 제출 요구, 증거조사 등의 권한이 있는 점으로 볼 때 당사자의 청구범위와 주장사실만을 심리 · 판단한다고 볼 수는 없다.

22 사정상 가족에게 행정심판을 맡기려면 어떻게 해야 하나

행정심판은 서면으로 진행하기에 직접 출석하는 경우가 드물다. 그럼에도 전문가의 조력을 받아야 하거나 여건이 부득이한 경우 대리인을 선임 필요가 있을 수 있다. 그래서 행정심판법에 청구인은 법정대리인 외에 청구인의 배우자, 청구인 또는 배우자의 사촌 이내의 혈족, 청구인이 법인이거나 제14조에 따른 청구인 능력이 있는 법인이 아닌 사단 또는 재단인 경우 그 소속 임직원, 변호사, 다른 법률에 따라 심판청구를 대리할 수 있는 자, 그 밖의 위원회의 허가를 받은 자를 대리인으로 선임할 수 있다고 규정되어 있다. 따라서 사촌 이내의 혈족이라면 대리인 선임서(위임장)을 작성하고 청구인과의 관계를 입증할 수 있는 자료(예: 가족인 경우 가족관계증명서 등)를 첨부하여 위원회에 제출하면 된다.

23 행정심판을 청구하면 답변서는 언제 받을 수 있나

행정심판법에는 피청구인이 심판청구서를 접수하거나 송부 받으면 10일 이내에 답변서와 청구인의 수만큼 부본을 함께 위원회에 보내야 하고, 위원회는 피청구인으로부터 답변서가 제출되면 답변서 부본을 청구인에게 송달하여야 한다고 규정되어 있다. 청구인 입장에서는 다툼의 상대인 피청구인의 대응에 따라 청구인이 향후 어떤 내용으로 절차를 밟을지 판단하게 되므로 피청구인의 답변서를 기다리는 것은 당연하다. 그런데 기간이 지나도 답변서가 오지 않는 경우가 있는데 이럴 경우 청구인은 위원회에 조속한 송달을 요청하는 것도 방법이다. 참고로 피청구인이 10일 이내에 위원회에 보내야함에도 이를 어기고 지연하더라도 위원회가 피청구인을 제재할 수 있는 별도의 규정은 마련되어 있지 않다.

24 같은 사람이 당사자, 청구인, 신청인 등 명칭이 바뀌는 이유

일반적으로 당사자는 어떤 일이나 사건에 직접 관계가 있는 사람으로 법이 매개된다면 어떤 법률행위에 직접 관여되는 자를 당사자라 한다. 행정심판에 있어서 당사자라 함은 자기의 이름으로 권리보호를 요구하는 청구인과 이를 요구받는 피청구인을 말한다. 즉 행정심판 청구를 하게 되면 청구인이 되고, 청구인이 행정심판법에 따라 위원회에 집행정지나 임시조치를 신청한 경우에는 신청한 행위에 한 해 신청인이 된다.

행정청은 행정에 관한 의사를 결정하여 표시하는 국가 또는 지방자치단체의 기관, 그 밖에 법령 또는 자치법규에 따라 행정권한을 가지고 있거나 위탁을 받은 공공단체나 그 기관 또는 사인(私人)을 말하지만 행정청이 처분을 하면 "처분청"이 되고, 청구인의 청구에 의해 피청구인이 된다. 행정청의 처분에 대해 심판청구를 하였을 경우 처분청과 피청구인은 동일하게 보아도 무방하다.

25 심판청구서나 각종 신청서 서식은 어디서 구하는지

국민권익위원회가 운영하는 온라인행정심판 홈페이지에 게재되어 있는 서식이나 행정심판법 시행규칙에 첨부되어 있는 서식을 다운로드하여 작성 · 제출하면 된다. 그리고 심판청구 한 이후 행정심판 절차를 밟으면서 사정에 따라 취하해야 하는 경우가 있다. 이러한 경우에도 청구나 신청 취하서 서식에 따라 작성 · 제출하고, 신청을 취하하려는 데 취하서 서식이 별도로 있지 않은 경우 심판청구 취하서 서식을 참고하여 작성 · 제출하면 된다.

26 행정심판 청구서를 온라인으로 제출해도 되는지

행정심판 청구서를 국민권익위원회가 운영하는 온라인행정심판(www.simpan.go.kr)으로 제출해도 행정심판법에 따라 제출된 것과 같으며, 피청구인 수만큼의 부본을 함께 제출해야 하는 의무는 면제된다. 또한 이를 통해 행정심판법에 따른 각종 서류를 제출하거나 답변서나 재결서 등을 송달 받을 수 있다. 온라인으로 청구서를 제출하는 경우 로그인하여 화면에서 안내하는 절차에 따라서 제출하면 된다. 로그인은 공동인증서 또는 휴대폰인증, IPIN인증이 필요하다.

부록

행정심판 **주요 서식**

■ 행정심판법 시행규칙 [별지 제18호서식] <개정 2012.9.20>

행정심판위원회 위원 [ ] 제척 [ ] 기피 신청서

접수번호	접수일	

사건명		
청구인	성명	
	주소	
피청구인		
신청 취지		
신청 원인		
소명 방법		

「행정심판법」 제10조 및 같은 법 시행령 제12조에 따라 위와 같이 신청합니다.

년 월 일

신청인 (서명 또는 인)

○○행정심판위원회 귀중

첨부서류	없음	수수료 없음

처리 절차

신청서 작성	➜	접수	➜	결정	➜	송달
신청인		○○행정심판위원회		○○행정심판위원장		

210㎜×297㎜[백상지 80g/㎡]

■ 행정심판법 시행규칙 [별지 제19호서식] <개정 2012.9.20>

선정대표자 선정서

접수번호	접수일	

사건명		
청구인	○○○외 ○명	
피청구인		
선정대표자	성명	
	주소	
	성명	
	주소	
	성명	
	주소	

「행정심판법」 제15조제1항에 따라 위와 같이 선정대표자를 선정합니다.

년 월 일

선정인 (서명 또는 인)

○○행정심판위원회 귀중

첨부서류	없음	수수료 없음

처리 절차

선정서 작성	→	접수
선정인		○○행정심판위원회

210mm×297mm[백상지 80g/㎡]

■ 행정심판법 시행규칙 [별지 제21호서식] <개정 2012.9.20>

청구인 지위 승계 신고서

접수번호	접수일	

사건명		
청구인	성명	
	주소	
피청구인		
승계인	성명	
	주민등록번호(외국인등록번호)	
	주소	
승계 원인		
증명 방법		

「행정심판법」 제16조제3항에 따라 위와 같이 신고합니다.

년 월 일

신고인 (서명 또는 인)

○○행정심판위원회 귀중

첨부서류	사망 등에 의한 권리·이익의 승계 또는 합병 사실을 증명하는 서류	수수료 없음

처리 절차

신고서 작성	→	접수
신고인		○○행정심판위원회

210㎜×297㎜[백상지 80g/㎡]

■ 행정심판법 시행규칙 [별지 제22호서식] <개정 2012.9.20>

청구인 지위 승계 허가신청서

접수번호	접수일	

사건명		
청구인	성명	
	주소	
피청구인		
승계인	성명	
	주민등록번호(외국인등록번호)	
	주소	
승계 원인		
증명 방법		

「행정심판법」 제16조제5항에 따라 위와 같이 허가를 신청합니다.

년 월 일

신청인 (서명 또는 인)

○○행정심판위원회 귀중

첨부서류	없음	수수료 없음

처리 절차			
신청서 작성 →	접수 →	결정 →	송달
신청인	○○행정심판위원회	○○행정심판위원회	

210㎜×297㎜[백상지 80g/㎡]

■ 행정심판법 시행규칙 [별지 제23호서식] <개정 2012.9.20>

00행정심판위원회 결정에 대한 이의신청서

접수번호	접수일	

사건명		
청구인	성명	
	주소	
피청구인		
신청대상 결정의 종류	[ ] 청구인 지위 승계 불허가 결정	
	[ ] 피청구인 경정 불허가 결정	
	[ ] 심판참가 불허가 결정	
	[ ] 청구변경 불허가 결정	
결정 일자		
결정서 수령일		
이의신청 취지		
이의신청 이유		
소명 방법		

「행정심판법」 제16조제8항 · 제17조제6항 · 제20조제6항 · 제29조제7항 및 같은 법 시행령 제14조제1항 · 제15조제3항 · 제17조 · 제21조에 따라 귀 위원회의 결정에 대하여 이의신청합니다.

년 월 일

신청인 (서명 또는 인)

○○행정심판위원회 귀중

첨부서류	이의신청 이유를 소명할 수 있는 서류	수수료 없음

처리 절차

신청서 작성	→	접수	→	결정	→	통지
신청인		○○행정심판위원회		○○행정심판위원회		

210㎜×297㎜[백상지 80g/㎡]

■ 행정심판법 시행규칙 [별지 제24호서식] <개정 2012.9.20>

피청구인 경정신청서

접수번호	접수일	

사건명		
청구인	성명	
	주소	
피청구인		
신청 취지		
신청 이유		

「행정심판법」 제17조제2항·제5항 및 같은 법 시행령 제15조제1항에 따라 위와 같이 신청합니다.

년 월 일

신청인 (서명 또는 인)

○○행정심판위원회 귀중

첨부서류	없음	수수료 없음

처리 절차

신청서 작성	➜	접수	➜	결정	➜	통지
신청인		○○행정심판위원회		○○행정심판위원회		

210㎜×297㎜[백상지 80g/㎡]

■ 행정심판법 시행규칙 [별지 제25호서식] <개정 2012.9.20>

대리인 선임서(위임장)

접수번호	접수일	

사건명		
청구인	성명	
	주소	
피청구인		
대리인이 될 자	성명	
	주소	
	주민등록번호(법인등록번호, 외국인등록번호)	
선임 이유		
대리인과의 관계		
증명 방법		

「행정심판법」 제18조에 따라 위와 같이 대리인을 선임합니다.

년 월 일

선임인 (서명 또는 인)

○○행정심판위원회 귀중

첨부서류	없음	수수료 없음

처리 절차

선임서 작성	➔	접수
선임인		○○행정심판위원회

210mm×297mm[백상지 80g/㎡]

■ 행정심판법 시행규칙 [별지 제26호서식] <개정 2012.9.20>

대리인 선임 허가신청서

접수번호	접수일	

사건명		
청구인	성명	
	주소	
피청구인		
대리인이 될 자	성명	
	주소	
	주민등록번호(법인등록번호, 외국인등록번호)	
선임 이유		
대리인과의 관계		
증명 방법		

「행정심판법」 제18조제1항·제2항 및 같은 법 시행령 제16조에 따라 위와 같이 대리인 선임 허가를 신청합니다.

년 월 일

신청인 (서명 또는 인)

○○행정심판위원회 귀중

첨부서류	없음	수수료 없음

처리 절차						
신청서 작성	➜	접수	➜	결정	➜	통지
신청인		○○행정심판위원회		○○행정심판위원회		

210㎜×297㎜[백상지 80g/㎡]

■ 행정심판법 시행규칙 [별지 제29호서식] <개정 2012.9.20>

심판참가 허가신청서

접수번호	접수일	

사건명		
청구인	성명	
	주소	
피청구인		
참가 신청인	성명	
	주소	
	주민등록번호(외국인등록번호)	
신청 취지		
신청 이유		

「행정심판법」 제20조제2항에 따라 위와 같이 심판참가 허가를 신청합니다.

년 월 일

신청인 (서명 또는 인)

○○행정심판위원회 귀중

첨부서류	없음	수수료 없음

처리 절차

신청서 작성	➜	접수	➜	결정	➜	통지
신청인		○○행정심판위원회		○○행정심판위원회		

210㎜×297㎜[백상지 80g/㎡]

■ 행정심판법 시행규칙 [별지 제34호서식] <개정 2012.9.20>

임시처분 신청서

접수번호	접수일	

사건명		
신청인	성명	
	주소	
피신청인		

신청 취지	
신청 원인	
소명 방법	

「행정심판법」 제31조제2항에 따라 위와 같이 임시처분을 신청합니다.

년 월 일

신청인 (서명 또는 인)

○○행정심판위원회 귀중

첨부서류	1. 신청의 이유를 소명하는 서류 또는 자료 2. 행정심판청구와 동시에 임시처분 신청을 하는 경우에는 심판청구서 사본과 접수증명서	수수료 없음

처리 절차

신청서 작성	→	접수	→	결정	→	송달
신청인		○○행정심판위원회		○○행정심판위원회		

210㎜×297㎜[백상지 80g/㎡]

■ 행정심판법 시행규칙 [별지 제36호서식] <개정 2012.9.20>

심판청구 보정서

접수번호	접수일	

사건명		
청구인	성명	
	주소	
피청구인		
보정을 요구받은 사항		
보정 사항		
보정 이유		

「행정심판법」 제32조제2항에 따라 위와 같이 보정합니다.

년 월 일

보정인 (서명 또는 인)

○○행정심판위원회 귀중

첨부서류	다른 당사자의 수 만큼의 보정서 부본	수수료 없음

처리 절차		
보정서 작성	➔	접수
보정인		○○행정심판위원회

210mm×297mm[백상지 80g/㎡]

■ 행정심판법 시행규칙 [별지 제38호서식] <개정 2012.9.20>

증거조사 신청서

접수번호	접수일	

사건명		
청구인	성명	
	주소	
피청구인		

증명할 사실	
증거 방법	

「행정심판법」 제36조제1항 및 같은 법 시행령 제25조제1항에 따라 위와 같이 증거조사를 신청합니다

년 월 일

신청인 (서명 또는 인)

○○행정심판위원회 귀중

첨부서류	증거조사 관련 서류	수수료 없음

처리 절차

신청서 작성	→	접수
신청인		○○행정심판위원회

210mm×297mm[백상지 80g/㎡]

■ 행정심판법 시행규칙 [별지 제39호서식] <개정 2012.9.20>

구술심리 신청서

접수번호	접수일	

사건명		
청구인	성명	
	주소	
피청구인		

신청 취지	
신청 이유	

「행정심판법」 제40조제1항 단서 및 같은 법 시행령 제27조에 따라 위와 같이 구술심리를 신청합니다

년 월 일

신청인 (서명 또는 인)

○○행정심판위원회 귀중

첨부서류	없음	수수료 없음

처리 절차

신청서 작성 → 접수 → 결정 → 통지

신청서 작성	접수	결정	통지
신청인	○○행정심판위원회	○○행정심판위원회	

210㎜×297㎜[백상지 80g/㎡]

■ 행정심판법 시행규칙 [별지 제42호서식] <개정 2012.9.20>

의무이행심판 인용재결 이행신청서

접수번호	접수일	

사건명		
청구인	성명	
	주소	
피청구인		
재결서 정본 수령일		
재결불이행을 안 날		

「행정심판법」 제50조제1항에 따라 위와 같이 의무이행심판 인용재결의 이행을 신청합니다.

년 월 일

신청인 (서명 또는 인)

○○행정심판위원회 귀중

첨부서류	없음	수수료 없음

처리 절차

신청서 작성	➜	접수
신청인		○○행정심판위원회

210㎜×297㎜[백상지 80g/㎡]

■ 행정심판법 시행규칙 [별지 제42호의2서식] <신설 2017. 10. 19.>

간접강제 신청서

※ 색상이 어두운 란은 신청인이 적지 않습니다.

접수번호	접수일시	처리기간

심판청구 사건명		
신청인	성명	
	주소	
피신청인		
신청 취지		
신청 이유		
소명 방법		

「행정심판법」 제50조의2제1항 및 같은 법 시행령 제33조의2제1항에 따라 위와 같이 간접강제를 신청합니다.

년 월 일

신청인 (서명 또는 인)

○○행정심판위원회 귀중

첨부서류	신청의 이유를 소명하는 서류 또는 자료	수수료 없 음

처 리 절 차

신청서 작성	➔	접수	➔	결정	➔	송달
신청인		처 리 기 관 : ○○행정심판위원회				

210㎜×297㎜[백상지(80g/㎡) 또는 중질지(80g/㎡)]

■ 공공기관의 정보공개에 관한 법률 시행규칙 [별지 제1호의2서식] <개정 2021. 6. 23.> 정보공개시스템(www.open.go.kr)에서도 청구할 수 있습니다.

정보공개 청구서

※ 색상이 어두운 칸은 신청인(대리인)이 작성하지 않습니다.

접수번호	접수일	처리기간

청구인	성명(법인·단체명 및 대표자 성명)	생년월일(성별) (　)
	여권·외국인등록번호(외국인의 경우 작성)	사업자(법인·단체)등록번호
	주소(소재지)	전화번호(또는 휴대전화번호)
	전자우편주소	팩스번호
청구 내용		
공개 방법	[ ]열람·시청 [ ]사본·출력물 [ ]전자파일 [ ]복제·인화물 [ ]기타(　　)	
수령 방법	[ ]직접 방문 [ ]우편 [ ]팩스 전송 [ ]정보통신망 [ ]전자우편 등(　　)	
수수료	[ ]감면 대상임 [ ]감면 대상 아님	
	감면 사유	
	※ 「공공기관의 정보공개에 관한 법률 시행령」 제17조제3항에 따라 수수료 감면 대상에 해당하는 경우에만 적으며, 감면 사유를 증명할 수 있는 서류를 첨부하시기 바랍니다.	

「공공기관의 정보공개에 관한 법률」 제10조제1항 및 같은 법 시행령 제6조제1항에 따라 위와 같이 정보의 공개를 청구합니다.

년 월 일

청구인 (서명 또는 인)

(접수 기관의 장) 귀하

접 수 증

접수번호	청구인 성명
접수부서	접수자 성명 (서명 또는 인)

귀하의 청구서는 위와 같이 접수되었습니다.

년 월 일

접 수 기 관 장 직인

유 의 사 항

1. 공개 청구된 공개 대상 정보의 전부 또는 일부가 제3자와 관련이 있다고 인정되는 경우에는 「공공기관의 정보공개에 관한 법률」 제11조제3항에 따라 청구사실이 제3자에게 통지됩니다.
2. 정보공개를 청구한 날로부터 20일이 경과하도록 정보공개 결정이 없는 경우에는 「공공기관의 정보공개에 관한 법률」 제18조부터 제20조까지의 규정에 따라 해당 공공기관에 이의신청을 하거나, 행정심판(서면 또는 온라인 : www.simpan.go.kr) 또는 행정소송을 제기할 수 있습니다.
3. 청구인은 정보공개시스템 및 타 시스템 연계를 통해 통지된 문서를 대외적으로 활용하기 위해 필요한 경우 직인날인의 보완을 요구할 수 있습니다.
4. 본인확인이 필요한 정보를 청구하시는 경우 「공공기관의 정보공개에 관한 법률」 제10조제1항제2호에 따라 공공기관에서 청구인의 주민등록번호를 추가로 요구할 수 있습니다.

210mm×297mm[백상지 80g/㎡(재활용품)]